电子新传　用心传递

微观巨事

ESE 2019

樊　勇　李雪梅　顾问
文　译　李忠阳　武　剑　主编

使命

电子科技大学出版社
University of Electronic Science and Technology of China Press
·成都·

图书在版编目（CIP）数据

微观 E 事 • 使命 / 文译，李忠阳，武剑主编. -- 成都 : 电子科技大学出版社, 2020.9
ISBN 978-7-5647-8078-4

Ⅰ. ①微… Ⅱ. ①文… ②李… ③武… Ⅲ. ①电子科技大学－校园文化－文集 Ⅳ. ①G649.287.11-53

中国版本图书馆 CIP 数据核字(2020)第 127048 号

内容简介

《微观 E 事 • 使命》是电子科技大学电子科学与工程学院（示范性微电子学院）结合学校及学院特色，坚持“求实求真，大气大为”的精神，以服务师生、加强人文素质培养为核心，由学院师生创作、撰写的特色文集。内容包括教师专访、院友专访、学生风采等方面，代表了当代大学师生的思想潮流，反映了校园生活的点滴精彩，营造了具有人文情怀的文化氛围。希望通过本书的发行、传播，为培养具有人文底蕴与情怀、具有批判精神与思维、具有国际化视野与志向的行业领军人才助力。

微观 E 事•使命
文 译 李忠阳 武 剑 主编

策划编辑 周清芳
责任编辑 周清芳

出版发行 电子科技大学出版社
成都市一环路东一段 159 号电子信息产业大厦九楼 邮编 610051
主 页 www.uestcp.com.cn
服务电话 028-83203399
邮购电话 028-83201495

印 刷 四川墨池印务有限公司
成品尺寸 210mm×285mm
印 张 12.5
字 数 380 千字
版 次 2020 年 9 月第一版
印 次 2020 年 9 月第一次印刷
书 号 ISBN 978-7-5647-8078-4
定 价 126.00 元

PREFACE

卷首语

中国的昨天已经写在人类的史册上，

中国的今天正在亿万人民手中创造，

中国的明天必将更加美好。

全党全军全国各族人民要更加紧密地团结起来，

不忘初心，牢记使命，

继续把我们的人民共和国巩固好、发展好，

继续为实现“两个一百年”奋斗目标、实现中华民族伟大复兴的中国梦而努力奋斗！

——习近平在庆祝中华人民共和国成立 70 周年大会上的讲话

目录

电子科技大学

UESTC

1956

UESTC

Chapter 1

聚 · 焦点

……

不忘初心、牢记使命，献礼新中国成立 70 周年

2019 大事记

学院获评教育部 2019 年全国教育系统先进集体

我院两项成果荣获 2018 年度国家科技奖

张万里、熊杰研究团队在 *Science* 正刊发表在高温超导中首次发现量子金属态的原创成果

“真空电子学”团队入选国家自然科学基金创新研究群体

杨仕文教授当选 2020 年度 *IEEE Fellow*

不忘初心、牢记使命

献礼新中国成立 70 周年

电子学院党委严格按照教育部直属高校“不忘初心、牢记使命”主题教育第十巡回指导组和学校党委要求认真推进各项工作，结合学院发展实际，认真动员部署，积极谋划推进，全面落实“守初心、担使命，找差距、抓落实”的总要求，确保主题教育取得良好成效，献礼新中国成立 70 周年。

上下联动，精心部署，强化责任落实。成立电子学院党委“不忘初心、牢记使命”主题教育领导小组及办公室，由党委书记李雪梅担任组长，党委副书记徐岩、王勋分别担任副组长，成员由班子其他成员、专职组织员、党建专员、“微梦”党建委员会成员组成，内设综合组、秘书组、督导组和宣传组。相继召开动员部署大会 3 次，制订了学习教育工作计划表、专题调研方案、领导班子和领导干部检视问题工作计划和专题民主生活会方案，以表格化、清单化的形式明确任务、时间表和责任人，对表推进。党委书记发挥“第一责任人”作用，领导班子其他成员履行“一岗双责”，督促基层党支部高标准、高质量开展学习教育活动。

学深悟透，求实求真，深化理论学习。学院班子成员共 11 人，共同参与了校院两级共 7 天半的集中学习，通过多形式、分层次、有体系的学习机制，班子成员的政治理论水平、党性修养以及能力素质都得到了提升。学院党委理论中心组制定“1+2”班子成员领学模式，划分 11 个学习专题，坚持“个人领读、集体诵读、专家解读、现场品读”。学院购买各类主题教育学习资料，组织师生党支部认真通读《习近平关于“不忘初心、牢记使命”论述摘编》，不断提升广大党员的政治理论素养。学院班子成员通读《习近平关于“不忘初心、牢记使命”重要论述选编》，认真学习党章党规党纪等内容，将习总书记重要讲话精神按时间顺序整理，理清内在逻辑关系，有助于更好地理解习近平新时代中国特色社会主义思想发展的脉络。学院组织观看红色电影、纪录片以及参观国庆 70 周年大型成就展网上展馆，通过书籍、讲话稿、重要文件、先进人物和先进事迹、身边人和身边事以及网络新媒体进行分类学习……丰富的学习资源和平台，让主题教育期间的学习更加生动有趣，也给来年学院制订党委中心组学习计划和教职工理论学习计划提供了新的思路，巩固主题教育期间建立的良好学习机制，持续不断推动新思想学习入脑入心，确保学深学透，确保落地生根。

问题导向，广泛调研，紧抓整改落实。结合学院实际，紧密联系工作，制订调研计划，从 9 月下旬开始，采用个别访谈、召开座谈会、走访团队

（企业）、参加党支部活动、问卷调查、设置意见箱等多种调研形式，深入教学科研一线、师生员工、校外合作办学单位等开展专题调查研究。主题教育启动以来，院领导班子围绕调研主题召开座谈会近 30 场，走访调研等 50 余次，与干部师生交流访谈近百人次。班子通过调查研究和检视问题，整理了一份整改清单。“群众关切”就是工作重点，“师生所难”就是破解关键。学院以开展“不忘初心、牢记使命”主题教育为契机，通过学习，系统掌握马克思主义理论与方法，实现了统一思想认识、凝聚发展共识，把初心与使命转化为攻坚克难、干事创业的实际成效。

时值重要机遇期，借“不忘初心、牢记使命”主题教育这个契机，电子学院党委深刻认识到基层党组织作为办学治校的中坚力量，责任艰巨，使命崇高，班子成员将带领全院师生，写好教育“奋进之笔”，为培养德智体美劳全面发展的社会主义建设者和接班人，加快一流学科建设，加快推进教育现代化，办好人民满意的教育，建设教育强国而不懈奋斗。

2019 大事记

2019 DASHIJI

- 获“全国教育系统先进集体”荣誉称号（全校唯一）

- 获 2019 年度国家技术发明二等奖 1 项

- 年度到款科研经费 4.75 亿元，另有单项科技成果转化 4750 万元
- 获国家自然科学基金创新群体 1 项（全校唯一），国家优秀青年基金 1 项，立项国家自然科学基金重点项目 6 项

- “高温超导中量子金属态的首次实验证实”获得 2019 年度“中国高等学校十大科技进展”，其研究成果以第一作者身份，电子科技大学为第一单位，在 *Science* 正刊发表（学校历史突破）
- 获中国电子教育学会 2019 年度优秀博士学位论文 1 篇
- 获中国电子学会 2019 年度优秀硕士学位论文 1 篇

- 新增杰出人才 13 人次，学院杰出人才数量达 69 人，占专任教师的比例为 23%

- 三个专业入选国家一流本科专业，新增工程教育认证专家进校专业 1 个（微电子科学与工程）
- 获国家精品在线开放课程 2 门
- 获首批“四川省教书育人名师”1 名

- 获批 3 项国家留学基金委创新型人才国际合作培养项目（全校第一）

- 2019 届本科生直博人数 45 人（全校第一），直博率 8.69%（全校第一）

- 第十五届“挑战杯”四川省大学生课外学术科技作品竞赛金奖 1 项
- 学院 36 支队伍荣获全国大学生电子设计竞赛省级及以上奖励，其中 6 支队伍荣获全国一等奖，7 支队伍荣获全国二等奖，获奖数量占全校获奖总数的一半以上
- IMS 学生设计竞赛获全球一等奖 2 项
- 第三届全国大学生集成电路创新创业大赛勇夺全国总决赛最高奖 2 项（全国第一）
- 第二届中国研究生创“芯”大赛斩获全国一等奖（全校唯一）
- IEEE 极限编程大赛蝉联全国高校第一

- IEEE 学生分会获评 2019 年全国最佳学生分会奖，并夺得 2019 全球模范分会奖和品牌活动金奖（均为全国首个）

学院获评
教育部2019年全国教育系统先进集体

全国教育系统先进集体拟表彰对象名单

（共597个）

四川省（28个）

万源市竹峪中学
广安市广安区东方小学校
仁寿县特殊教育学校
电子科技大学电子科学与工程学院
四川农业大学动物营养研究所
四川省大英中学
四川省剑阁职业高级中学校
西昌学院农业科学学院
成都中医药大学药学院
成都市工程职业技术学校
成都市技师学院
成都市第七中学
成都市锦官新城小学
成都纺织高等专科学校服装学院

2019年9月，教育部公布了全国教育系统先进集体、模范教师、先进工作者表彰对象名单，电子科学与工程学院获得先进集体称号。

在中华人民共和国成立70周年和第35个教师节之际，为弘扬尊师重教的良好社会风尚，进一步增强广大教师、教育工作者的荣誉感和责任感，吸引更多优秀人才投身教育事业，促进教育事业科学发展，人力资源社会保障部、教育部评选出了全国教育系统先进集体、模范教师、先进工作者，授予中国人民大学马克思主义学院等597个单位“全国教育系统先进集体”称号。

这一称号激励学院全体师生再接再厉，更加紧密地团结在以习近平同志为核心的党中央周围，牢固树立“四个意识”，坚定“四个自信”，做到“两个维护”，坚决贯彻党的教育方针，牢记初心使命，矢志教育报国，勇担时代重任，全力培养德智体美劳全面发展的社会主义建设者和接班人，为实现中华民族伟大复兴做出新的更大的贡献！

我院两项成果
荣获 2018 年度国家科技奖

张万里教授团队

邓龙江教授团队

2019 年 1 月 8 日上午，2018 年度国家科学技术奖励大会在北京人民大会堂隆重举行。习近平、李克强、王沪宁、韩正等党和国家领导人出席大会并为获奖代表颁奖。我院张万里教授团队的“敏感薄膜集成技术与应用”项目获得国家技术发明二等奖，邓龙江教授团队的“高磁导率磁性基板关键技术及产业化”项目获得国家科技进步二等奖。

张万里教授团队的获奖项目在李言荣院士带领下，攻克了装备构件上集成敏感薄膜材料“内应力大、附着力差”的难题，突破了极端环境下传感器“干扰大、信号弱”的技术瓶颈，形成了结构功能一体化的敏感薄膜集成生长知识产权体系，研制的系列特种传感器满足了多项国家重点工程急需，打破了国外技术封锁和产品禁运。

邓龙江教授团队的获奖项目在国家重大重点项目的支持下，掌握了磁性基板集成应用的设计方法，实现了基板材料环保低成本批量生产工艺，突破了系统集成、生产工艺、关键指标、技术标准等多项关键技术瓶颈，打破了国外技术和市场垄断并完成产业化。相关成果已在魅族、华为、小米、安费诺等国内外知名企业应用，产品销往美国、欧洲、日本、印度等数十个国家及地区。

国家科学技术奖励每年评审一次，根据《关于深化科技奖励制度改革的方案》，每年授奖总数不超过 300 项。2018 年度国家科学技术奖共评选出 278 个项目和 7 名科技专家。全国共有 76 所高校作为第一完成单位，获得三大奖通用项目 147 项，占通用项目授奖总数的 65.6%。另外，全国共有 15 所高校作为第一完成单位，获得 2018 年度国家科学技术奖专用项目 25 项，占授奖总数的 46.3%。我校共获得国家科技奖 3 项。

张万里、熊杰研究团队在 *Science* 正刊发表在高温超导中首次发现量子金属态的原创成果

2019 年 11 月 14 日，国际著名期刊 *Science* 以“first release”形式刊发《超导—绝缘相变中的玻色金属态》（Intermediate bosonic metallic state in the superconductor-insulator transition），我校电子薄膜与集成器件国家重点实验室博士生杨超（导师李言荣院士）为第一作者，熊杰教授为通讯作者，张万里教授、李言荣院士为共同作者。这是我校首次以第一单位在《科学》正刊上发表研究成果，该发现是在我校国家重点实验室做出的原创成果，标志着我校在高温超导量子相变领域取得了重大研究进展。

量子材料以及量子相变是 21 世纪凝聚态物理与材料领域的研究热点。自高温超导发现以来，二维量子金属态的存在及其形成机制是三十多年来国际学术界一直悬而未决的重要物理问题。电子科技大学张万里、熊杰研究团队与北京大学王健教授团队、林熙研究员课题组、北京师范大学刘海文研究员、清华大学姚宏教授、美国布朗大学 James M. Valles Jr 教授、Jimmy Xu 教授等合作首次在高温超导纳米多孔薄膜中完全证实了量子金属态的存在。通过调节反应离子刻蚀的时间，在高温超导钇钡铜氧（YBCO）多孔薄膜中实现了超导—量子金属—绝缘体相变。通过极低温输运测试发现，超导、金属与绝缘这三个量子态都有与库珀电子对相关的 h/2e 周期的超导量子磁导振荡，证明量子金属态是玻色金属态，揭示出库珀对玻色子对于量子金属态的形成起到了主导作用。

该工作得到了美国科学院院士、斯坦福大学 Steven A. Kivelson 教授的高度评价，评论文章发表在凝聚态物理杂志

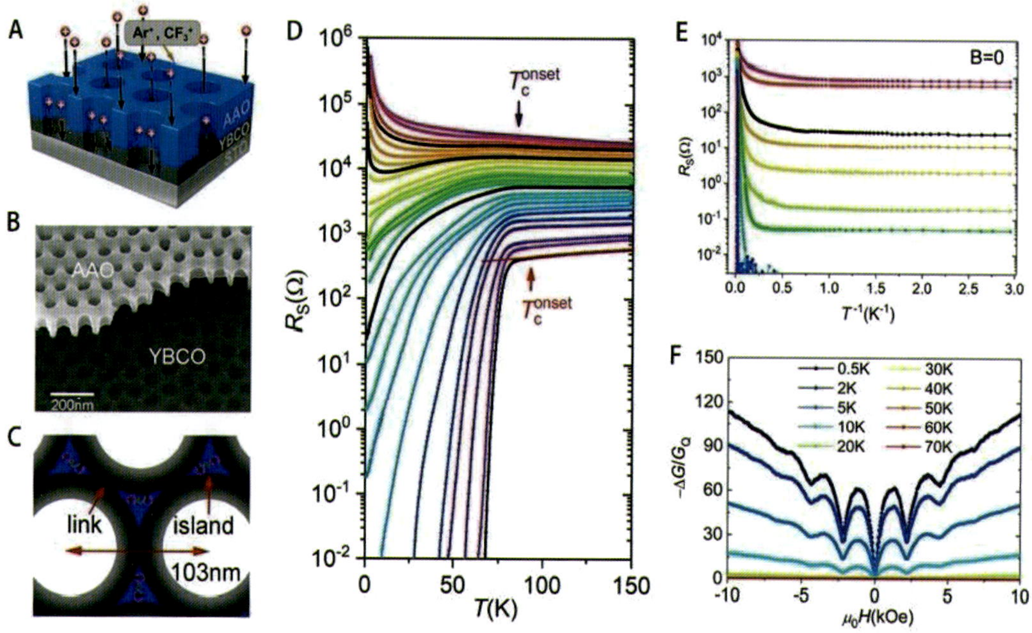

图 A-C：纳米多孔超导薄膜示意图；图 D-E：电阻温度输运曲线；图 F：量子磁导振荡曲线

俱乐部上。Steven 教授指出：“对于量子金属起源的探索将会改变我们对量子材料的认识，将极大推动量子器件领域的发展。”这一发现为国际上争论了三十多年的量子金属态的存在提供了有力的证据，并为研究量子金属态提供了新思路。

从“十三五”开始，在李言荣院士的带领下，张万里教授团队在量子信息材料与器件、二维材料与器件、异质异构集成技术等前沿交叉领域积极谋划和布局，在 *Science*、*Nature Chemistry*、*Nature Communications*、*Advanced Materials* 等国际著名期刊发表系列创新性研究成果，牵头获得国家技术发明二等奖，这些成果显著提高了我校在电子薄膜材料与器件领域的国内外影响力。

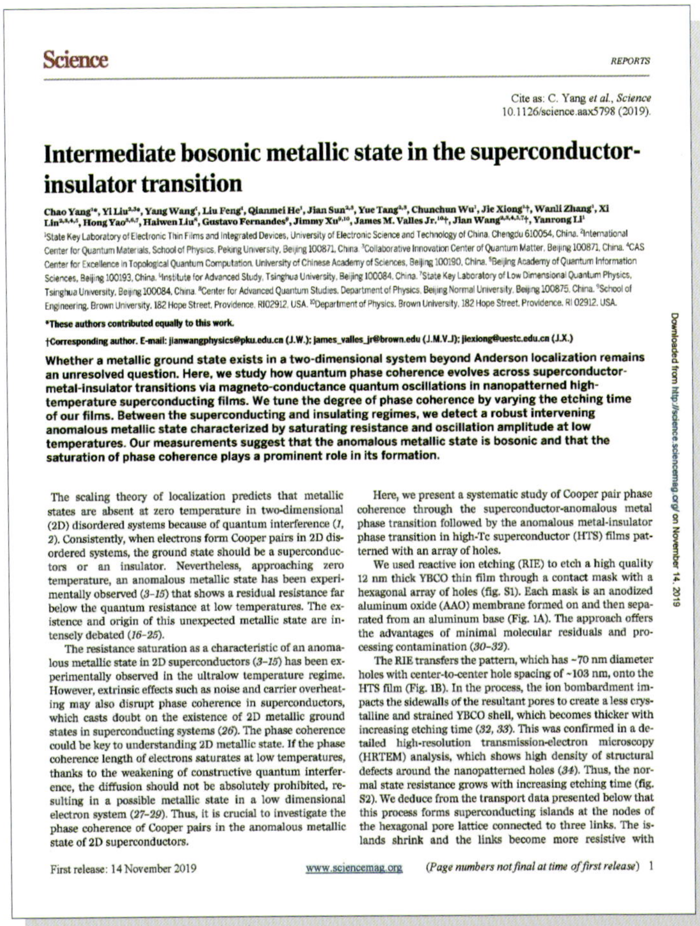
Science REPORTS

Cite as: C. Yang *et al.*, *Science* 10.1126/science.aax5798 (2019).

Intermediate bosonic metallic state in the superconductor-insulator transition

Chao Yang[1]*, Yi Liu[2,3]*, Yang Wang[1], Liu Feng[1], Qianmei He[1], Jian Sun[2,3], Yue Tang[2,3], Chunchun Wu[1], Jie Xiong[1]†, Wanli Zhang[1], Xi Lin[2,3,4,5], Hong Yao[5,6,7], Haiwen Liu[8], Gustavo Fernandes[9], Jimmy Xu[9,10], James M. Valles Jr.[10]†, Jian Wang[2,3,4,5,7]†, Yanrong Li[1]

[1]State Key Laboratory of Electronic Thin Films and Integrated Devices, University of Electronic Science and Technology of China, Chengdu 610054, China. [2]International Center for Quantum Materials, School of Physics, Peking University, Beijing 100871, China. [3]Collaborative Innovation Center of Quantum Matter, Beijing 100871, China. [4]CAS Center for Excellence in Topological Quantum Computation, University of Chinese Academy of Sciences, Beijing 100190, China. [5]Beijing Academy of Quantum Information Sciences, Beijing 100193, China. [6]Institute for Advanced Study, Tsinghua University, Beijing 100084, China. [7]State Key Laboratory of Low Dimensional Quantum Physics, Tsinghua University, Beijing 100084, China. [8]Center for Advanced Quantum Studies, Department of Physics, Beijing Normal University, Beijing 100875, China. [9]School of Engineering, Brown University, 182 Hope Street, Providence, RI02912, USA. [10]Department of Physics, Brown University, 182 Hope Street, Providence, RI 02912, USA.

***These authors contributed equally to this work.**

†Corresponding author. E-mail: jianwangphysics@pku.edu.cn (J.W.); james_valles_jr@brown.edu (J.M.V.J); jiexiong@uestc.edu.cn (J.X.)

Whether a metallic ground state exists in a two-dimensional system beyond Anderson localization remains an unresolved question. Here, we study how quantum phase coherence evolves across superconductor-metal-insulator transitions via magneto-conductance quantum oscillations in nanopatterned high-temperature superconducting films. We tune the degree of phase coherence by varying the etching time of our films. Between the superconducting and insulating regimes, we detect a robust intervening anomalous metallic state characterized by saturating resistance and oscillation amplitude at low temperatures. Our measurements suggest that the anomalous metallic state is bosonic and that the saturation of phase coherence plays a prominent role in its formation.

The scaling theory of localization predicts that metallic states are absent at zero temperature in two-dimensional (2D) disordered systems because of quantum interference (*1*, *2*). Consistently, when electrons form Cooper pairs in 2D disordered systems, the ground state should be a superconductors or an insulator. Nevertheless, approaching zero temperature, an anomalous metallic state has been experimentally observed (*3–15*) that shows a residual resistance far below the quantum resistance at low temperatures. The existence and origin of this unexpected metallic state are intensely debated (*16–25*).

The resistance saturation as a characteristic of an anomalous metallic state in 2D superconductors (*3–15*) has been experimentally observed in the ultralow temperature regime. However, extrinsic effects such as noise and carrier overheating may also disrupt phase coherence in superconductors, which casts doubt on the existence of 2D metallic ground states in superconducting systems (*26*). The phase coherence could be key to understanding 2D metallic state. If the phase coherence length of electrons saturates at low temperatures, thanks to the weakening of constructive quantum interference, the diffusion should not be absolutely prohibited, resulting in a possible metallic state in a low dimensional electron system (*27–29*). Thus, it is crucial to investigate the phase coherence of Cooper pairs in the anomalous metallic state of 2D superconductors.

Here, we present a systematic study of Cooper pair phase coherence through the superconductor-anomalous metal phase transition followed by the anomalous metal-insulator phase transition in high-Tc superconductor (HTS) films patterned with an array of holes.

We used reactive ion etching (RIE) to etch a high quality 12 nm thick YBCO thin film through a contact mask with a hexagonal array of holes (fig. S1). Each mask is an anodized aluminum oxide (AAO) membrane formed on and then separated from an aluminum base (Fig. 1A). The approach offers the advantages of minimal molecular residuals and processing contamination (*30–32*).

The RIE transfers the pattern, which has ~70 nm diameter holes with center-to-center hole spacing of ~103 nm, onto the HTS film (Fig. 1B). In the process, the ion bombardment impacts the sidewalls of the resultant pores to create a less crystalline and strained YBCO shell, which becomes thicker with increasing etching time (*32*, *33*). This was confirmed in a detailed high-resolution transmission-electron microscopy (HRTEM) analysis, which shows high density of structural defects around the nanopatterned holes (*34*). Thus, the normal state resistance grows with increasing etching time (fig. S2). We deduce from the transport data presented below that this process forms superconducting islands at the nodes of the hexagonal pore lattice connected to three links. The islands shrink and the links become more resistive with

First release: 14 November 2019 www.sciencemag.org (*Page numbers not final at time of first release*) 1

论文链接：https：//*science*.*science*mag.org/content/early/2019/11/13/*science*.aax5798

量子材料以及量子相变是 21 世纪凝聚态物理与材料领域的研究热点。量子相变与传统的热力学相变不同，是在绝对零度下调节非热力学参量（如磁场、掺杂、压强、无序度等）而发生的相变，相变点附近量子涨落而非热涨落起了重要作用。作为量子相变的经典范例，二维超导—绝缘体相变以及超导—金属相变研究获得了 2015 年美国凝聚态物理最高奖巴克利奖。在二维超导的量子相变过程中，除超导态与绝缘态两种基态外，是否存在量子金属态一直是理论与实验上争论的焦点。根据安德森标度理论，由于量子干涉效应以及相位相干长度在零度下发散的特性，载流子在趋于绝对零度时会表现出局域化效应，因此理论上不存在二维量子金属态。尽管实验上在各种二维超导体系发现了量子金属态的可能迹象，但受低临界温度的制约以及外界高频噪声的影响，二维量子金属态的存在及其形成机制仍存在着巨大的争议，这是三十多年来国际学术界一直悬而未决的重要物理问题。

“真空电子学”团队 入选国家自然科学基金创新研究群体

国家自然科学基金委员会公布了2019年度国家自然科学基金创新研究群体项目评审结果，我校电子科学与工程学院宫玉彬教授牵头的“真空电子学”创新研究群体项目获得立项批准。

该群体以刘盛纲院士为学术顾问，依托微波电真空器件国家级重点实验室，围绕国家重大战略需求，聚焦重大科学问题，形成了微波管CAD技术、新型电磁慢波结构、电子回旋谐振脉塞、场致电子发射等研究方向。群体未来将继续围绕国家重大战略需求，解决真空电子学基础前沿和瓶颈问题，为国家重大工程提供核心器件，为真空电子行业提供技术支撑。

国家自然科学基金创新研究群体项目主要是支持优秀中青年科学家为学术带头人和研究骨干，共同围绕一个重要研究方向合作开展创新研究，培养和造就在国际科学前沿占有一席之地的研究群体。该群体项目在国家自然科学基金项目中占有非常重要的地位，反映了研究团队在研究领域的整体实力。

2019年度全国共有34个单位获得45项国家创新研究群体项目，单个项目的直接费用资助强度有三类：1050万元/项、1000万元/项、670万元/项。我校“真空电子学”团队获得1000万元资助。

杨仕文教授当选 2020 年度 IEEE Fellow

2019 年 11 月，国际电气与电子工程师协会（IEEE, The Institute of Electrical and Electronics Engineers）2020 年度 IEEE Fellow（会士）名单揭晓，我院杨仕文教授因对时间调制天线阵列发展的突出贡献，当选 IEEE Fellow。2019 年一共新增 282 位，其中中国大陆地区 23 人当选。

杨仕文教授长期围绕新型天线或天线阵等相关方向中的关键技术进行深入研究，在四维天线阵、强耦合超宽带阵、透镜天线等方向提出了自己独具特色的研究思路和方法，取得了系列创新性成果，并解决了天线工程应用中的一些难题，获得了国际国内研究同行的认可。近年来，杨仕文教授承担了国家自然科学基金重点项目、“973”专题项目、“863”项目、预研项目等国家级项目十余项；曾荣获国家技术发明三等奖 1 项、四川省科技进步一等奖 1 项；发表论文 300 余篇，其中被 SCI 收录 170 余篇、SCI 他引 1500 余次、Google Scholar 引用 3500 余次；获授权发明专利 30 余项；曾先后荣获“全国优秀博士论文指导教师”“四川省有突出贡献的优秀专家”“四川省优秀教师”等荣誉称号。杨仕文教授现任 IEEE Chengdu AP/EMC Joint Chapter 主席、*IEEE Trans. Antennas Propagat.* 副主编、《电子学报》等期刊编委。

相关链接：

IEEE（Institute of Electrical and Electronics Engineers，国际电气与电子工程师协会）是目前世界上电气与电子工程技术研究领域中最著名、规模最大的跨国学术组织，有 160 多个国家和地区约 40 万会员和 39 个专业分会，是电子、电工、计算机、信息、生物医学、智能交通和太空等技术领域的创新驱动源之一。其各专业分会的出版物（尤以 IEEE Transactions 系列著称）是国际上最具权威性的学术刊物之一，是各国电子电气领域科学家和学者发表最新研究成果的首选之一。

IEEE Fellow 为 IEEE 最高等级会员，是 IEEE 授予成员的最高荣誉，在学术科技界被认定为权威的荣誉和重要的职业成就。当选人需要对工程科学与技术的进步或应用做出重大贡献，为社会带来重大价值。当选人数不超过 IEEE 当年会员总数的 0.1%。

UESTC

Chapter 2

忆 · 初心

……

初心：做一辈子研究生

林为干：
解开电磁学的“哥德巴赫猜想”

文丨田永秀　王安平

林为干是我国著名的微波理论专家，被公认为我国微波学界的奠基人之一。笔者与其相识，缘于“老科学家学术成长资料采集工程”。这一工程以抢救性地挖掘老科学家们的学术成长资料为目的。2011年7月工程启动时，林为干已93岁高龄，身体状况不佳，经常住院。在与林为干接触的过程中，我们深深喜欢上了这位平易可亲的老科学家。他对国家和科学事业的热爱，以及93岁高龄仍坚持读书、学习和科研的奋斗精神，深深地感染和教育了我们。

林为干简历：

1919年10月出生。
1939年西南联大（清华大学）毕业。
1950年获美国加州大学博士学位。
1951年回国后，在岭南大学、华南工学院任教。
1957年调成都电讯工程学院，曾任副院长等。
1980年，当选为中国科学院院士。
1989年获国家级优秀教学成果特等奖。
1991年获国务院政府特殊津贴。
1999年获何梁何利科技进步奖。
林为干曾任成都市科协主席、电子科技大学教授、博士生导师，中国电子学会理事，IEEE微波理论与技术学会北京分会主席。1979年以来出版著作四部：《微波网络》《微波理论与技术》《电磁场工程》和《电磁场理论》。

崭露头角

林为干，1919年出生于广东台山大纲村。父亲林本伟早年曾用心科举求仕，希望自己的三个儿子都能成为国家栋梁，遂给儿子取名为栋、为梁、为干。林为干自幼学习成绩突出，1939年从西南联大（清华大学）毕业，获工学学士学位。

大学毕业后，林为干并未放弃继续求学的梦想，很快考入清华研究院电子工程学部电讯组攻读研究生，师从华裔物理学家、时任清华大学研究院物理研究所所长任之恭

教授。但战争断绝了林为干与父亲的联系。他失去了经济支持，被迫中断研究生学业。此为林为干最遗憾的事情。

林为干从事微波研究是从美国攻读博士学位时开始的。

微波是指频率为300MHz~300GHz的电磁波，是无线电波中一个有限频带的简称，即波长在1米（不含1米）到1毫米之间的电磁波。微波成为一门技术科学，始于20世纪30年代。在第二次世界大战中，微波技术得到飞跃式发展。

在导师温纳里的鼓励下，林为干写成了博士论文《单腔多模微波滤波器》，通过了博士论文答辩。美国《应用物理》1951年8月号首页刊登此文，产生了巨大的影响。林为干首先发现了一个圆柱形谐振腔有5个同谐振频率的简并模可以利用，首次建立了单腔多模滤波器的多级电路模型，创立了一种新的单腔多波型微波网络理论。该理论意义深远，受到了同行们的重视，半个多世纪以来一直被国内外学者所引用，并对现代卫星通信等产生了重大影响。1994年仍有法国学者认为，近代卫星广播通信业所用的多模技术是由拉贡（Ragan）和林为干提出来的，其发展的基础是林为干和库恩（Cohn）的工作，此工作至今仍在发展。

一腔多模理论使林为干在微波研究领域初露头角。

“林—钟方法”

1949年，中华人民共和国成立，海外学子们万分激动。林为干获得博士学位，他婉言谢绝了导师温纳里让其留校的邀请，毅然冲破阻力回到祖国。受冯秉铨之邀，他到岭南大学任教授，同时在中山大学授课，不久兼任岭南大学电机系主任。1952年，中国院系大调整，岭南大学的电机工程系并入新成立的华南工学院，他调入华南工学院任电机系主任。1956年，他又服从组织安排，举家西迁成都，参与组建成都电讯工程学院（今电子科技大学），并将一生奉献给了这所高校。

2019 年 5 月林为干院士 100 周年诞辰纪念活动在广州举行

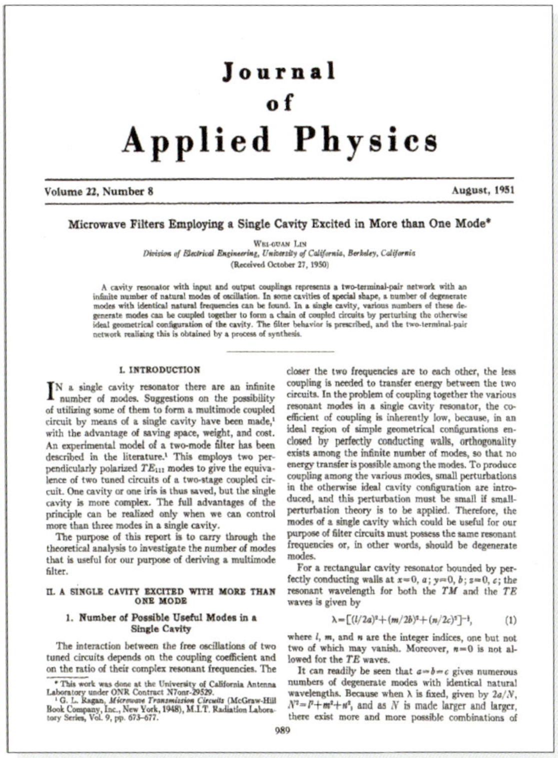

Journal of Applied Physics

Volume 22, Number 8 August, 1951

Microwave Filters Employing a Single Cavity Excited in More than One Mode*

Wei-guan Lin

Division of Electrical Engineering, University of California, Berkeley, California

(Received October 27, 1950)

A cavity resonator with input and output couplings represents a two-terminal-pair network with an infinite number of natural modes of oscillation. In some cavities of special shape, a number of degenerate modes with identical natural frequencies can be found. In a single cavity, various numbers of these degenerate modes can be coupled together to form a chain of coupled circuits by perturbing the otherwise ideal geometrical configuration of the cavity. The filter behavior is prescribed, and the two-terminal-pair network realizing this is obtained by a process of synthesis.

I. INTRODUCTION

IN a single cavity resonator there are an infinite number of modes. Suggestions on the possibility of utilizing some of them to form a multimode coupled circuit by means of a single cavity have been made,[1] with the advantage of saving space, weight, and cost. An experimental model of a two-mode filter has been described in the literature.[1] This employs two perpendicularly polarized TE_{111} modes to give the equivalence of two tuned circuits of a two-stage coupled circuit. One cavity or one iris is thus saved, but the single cavity is more complex. The full advantages of the principle can be realized only when we can control more than three modes in a single cavity.

The purpose of this report is to carry through the theoretical analysis to investigate the number of modes that is useful for our purpose of deriving a multimode filter.

II. A SINGLE CAVITY EXCITED WITH MORE THAN ONE MODE

1. Number of Possible Useful Modes in a Single Cavity

The interaction between the free oscillations of two tuned circuits depends on the coupling coefficient and on the ratio of their complex resonant frequencies. The closer the two frequencies are to each other, the less coupling is needed to transfer energy between the two circuits. In the problem of coupling together the various resonant modes in a single cavity resonator, the coefficient of coupling is inherently low, because, in an ideal region of simple geometrical configurations enclosed by perfectly conducting walls, orthogonality exists among the infinite number of modes, so that no energy transfer is possible among the modes. To produce coupling among the various modes, small perturbations in the otherwise ideal cavity configuration are introduced, and this perturbation must be small if small-perturbation theory is to be applied. Therefore, the modes of a single cavity which could be useful for our purpose of filter circuits must possess the same resonant frequencies or, in other words, should be degenerate modes.

For a rectangular cavity resonator bounded by perfectly conducting walls at $x=0, a$; $y=0, b$; $z=0, c$; the resonant wavelength for both the TM and the TE waves is given by

$$\lambda=[(l/2a)^2+(m/2b)^2+(n/2c)^2]^{-\frac{1}{2}}, \qquad (1)$$

where l, m, and n are the integer indices, one but not two of which may vanish. Moreover, $n=0$ is not allowed for the TE waves.

It can readily be seen that $a=b=c$ gives numerous numbers of degenerate modes with identical natural wavelengths. Because when λ is fixed, given by $2a/N$, $N^2=l^2+m^2+n^2$, and as N is made larger and larger, there exist more and more possible combinations of

* This work was done at the University of California Antenna Laboratory under ONR Contract N7onr-29529.

[1] G. L. Ragan, *Microwave Transmission Circuits* (McGraw-Hill Book Company, Inc., New York, 1948), M.I.T. Radiation Laboratory Series, Vol. 9, pp. 673–677.

989

回国后，林为干在教学及行政工作之余，以极大的热情和精力投身科学研究，在《物理学报》《电子学报》等刊物发表学术论文 40 余篇，其中，最重大的突破是被学术界称为“林—钟方法”的研究。这是林为干和助手钟祥礼发表在《物理学报》1963 年第 4 期的“传输线特性阻抗的一个新计算方法”的学术论文。这篇论文确立了林为干在微波传输系统方面的重要地位。

当时国际上对传输线的特性阻抗的计算方法主要有两种：一是比较广泛的函数变换法，二是变分法。两种方法的计算都过于复杂。林为干、钟祥礼将这两种方法结合起来，即利用变分法的一个定理求出特性阻抗准确值的上限和下限，在计算过程中不利用变分法中常用的方法处理，而是利用函数变换法，大大简化了计算方法。

“传输线特性阻抗的一个新计算方法”发表后，在学术界产生重大影响。1972 年，马可尼丛书作者 M.A.R.Gunston 将林为干、钟祥礼创造的方法称为“林—钟方法”，将论文中的一些公式绘制成曲线和图表，供全世界的微波工程师使用。该书将“林—钟方法”和其他六七个欧美科学家（包括谢昆诺夫这样的微波理论创始人）的计算公式进行了比较，认为“林—钟方法”的计算公式最准确，最便于计算和估值。

如果说一腔多模的理论让林为干在微波理论与技术研究领域初露头角的话，“林—钟方法”则让林为干成为世界微波学术界一颗耀眼的明星。

大展身手

“文化大革命”中，林为干受到了冲击，被批斗、关牛棚，修下水道，下放到干校进行劳动改造。在那些日子里，林为干并未绝望，他坚信自己没做任何对不起党和国家的事情，坚信这样的日子不会长久，知识分子一定会发挥作用。在“文化大革命”中，一有空闲，林为干就看书学习，进行科学研究。他申请用扣发的工资订阅外文学术刊物，意外地获得批准，使其在“文化大革命”中依然对国际学术前沿保持着了解。

1978年3月，全国科技大会召开后，林为干浑身上下都充满干劲。他每天早上不到八点就准时到办公室，一年365天除了春节休息两天外，天天如此。1978—1984年，林为干的著作《微波网络》《微波理论与技术》《电磁场工程》《电磁场理论》相继出版。这四部著作总计280多万字，为电磁工程界高级科技人员以及大专院校的研究生提供了一套高水平的理论读物，大大推动了我国电磁理论、微波理论与技术的发展。其中，《微波理论与技术》一书获

林为干指导学生吴正德博士在实验室做实验

得了国家教委全国高校优秀教材奖，被许多高校选为该专业研究生的必修教材。

1977—1989年十余年间，林为干发表了近60篇学术论文，最重要的成果有“椭圆直波导理论”和“含不均匀介质波导传输理论”。椭圆波导作为长距离、可弯曲的波导，应用于大面积天线，如无线通讯的30米天线中，它作为主波导使用，属于大椭圆度。林为干利用初等函数来逼近椭圆波导中的场结构，求出了简易的工程设计公式。该理论成为我国向国际电工标准会议推荐的椭圆波导标准的理论依据，并广泛运用于卫星通信。

20世纪80年代由于激光技术的发展，不均匀介质填充的波导又受到重视。因为这种波导有自聚焦能力，故而含不均匀介质的波导传输理论就显得非常重要。林为干在研究这个问题时与经典方法不同，他利用了微分方程理论的无穷极数解和变系数法，对某些波导问题则采用合流超几何函数和高级超越函数理论来求解。这是世界上首次从微分方程角度，把微波波导和光波导边界值问题有机地结合起来，广泛用于光波、微波和毫米波传输系统。

1980年，林为干当选为中国科学院院士，这是学术界对其科技贡献的肯定。

百岁人生规划

1989年，林为干从科研和教学一线退下来，但丝毫没有懈怠，依然以饱满的热情和旺盛的精力从事于科学研究和人才培养工作。此后的七八年时间里，林为干发表了130余篇学术

林为干在实验室做科研

1979 年 6 月，林为干在加州大学伯克利讲学时与科学院院士 J.R.Whinnery 导师在一起

2003 年，伊利诺理工学院授予林为干荣誉博士学位

论文，独著或为第一作者的近 30 篇。

最值得称道的是林为干解开了电磁学界的“哥德巴赫猜想”。1995 年 12 月，林为干的学术论文《一个介质球的静电镜像群》在美国《静电学》学报上发表。该学术论文攻克了一个百年难题。自 1892 年麦克斯韦的《电磁学》（第三版）出版以来，关于点电荷在介质球中能够形成多大的镜像以及位于何处的研究一直是一个未解之谜。于是，这个百年未解的难题就成了电磁学界的“哥德巴赫猜想”。解开这个“哥德巴赫猜想”成了很多电磁学家的梦想。林为干从 1951 年起就曾涉及这个难题，他不相信难题永远是难题，在 20 世纪 50 年代末发表了几篇学术论文，研究虽然有所进展，但仍没彻底解决。此后 40 年间，林为干一直未放弃对这个问题的探索，终于成功找到了解决这个百年难题的钥匙，通过旋转退化双极坐标系（α，β），林为干求出了 $\alpha=1/2$ 这个表示式，从而发现了有介质平面的双镜现象，解决了这一经典难题。

这一研究成果不仅攻克了电磁学界百年未解的难题，而且具有十分重要的应用价值，微波学界欢呼不已。鉴于林为干在微波理论研究领域的巨大成就，他被称为“中国微波之父”。1999 年，香港何梁何利基金授予林为干科学与技术进步奖。2003 年 5 月 18 日，美国伊利诺伊理工大学授予林为干名誉文科科学博士学位，这是伊利诺伊理工学院第一次将这一荣誉授予一位中国学者。用林为干自己的话说，1950 年的博士学位是靠自己奋斗取得的，而 50 多年后的博士学位，是别人送来的荣誉。

2012 年春节，林为干因感冒引发肺部感染，情况非常不乐观，医院都准备立即切气管抢救，但林为干以自己惊人的毅力和顽强的生命力，挺过了生死关。出院回家，林为干一如既往，拿着放大镜，翻看着各种资料；用颤抖的手，在纸上推算着公式，年年月月，日日如此……

（作者田永秀，西南交通大学政治学院教授；王安平，四川省科协工作人员）

1984 年，林为干在加拿大马尼托巴大学讲授研究生课程

初心：以科学服务人类

陈星弼：

半导体功率器件的引路人

文 | 高千雯　长　江

陈星弼，1931 年 1 月出生于上海，半导体器件及微电子学专家，中国科学院院士，电子科技大学教授、博士生导师。1952 年毕业于同济大学，分配到厦门大学。次年调到南京工学院。1956 年调入成都电讯工程学院随即到科学院应用物理研究所进修半导体。1959 年回到成都电讯工程学院工作。20 世纪 80 年代初，先后在俄亥俄州大学、加州大学伯克莱分校做访问学者。1983 年任电子科技大学微电子科学与工程系系主任、微电子研究所所长。曾先后被聘为加拿大多伦多大学电器工程系客座教授，英国威尔斯大学天鹅海分校高级客座教授。他著书 7 本，发表学术论文 110 多篇，申请中国发明专利 20 项（已授权 17 项），申请美国发明专利 19 项（已授权 16 项，另有两项已通知准备授权），申请国际发明专利 1 项。获国家发明奖及科技进步奖 2 项，省部级奖励 13 项，完成国家自然科学基金重点项目、国家“八五”科技攻关项目多项。2015 年，他因对高压功率 MOSFET 理论与设计的卓越贡献获得第二十七届国际功率半导体器件与集成电路年会（功率半导体领域顶级的学术年会）颁发的最高荣誉“国际功率半导体先驱奖”（ISPSD 2015 Pioneer Award），成为亚太地区首位获此殊荣的科学家。2018 年，因对超结功率半导体器件的卓越贡献入选 ISPSD 首届名人堂，成为国内首位入选名人堂的华人科学家。他在 20 世纪 50 年代末就对漂移晶体管的存贮时间问题在国际上最早作了系统的理论分析，提出了新的电荷法基本方程、不均匀介质中镜象电荷方程等。20 世纪 80 年代以来，他开始从事半导体电力电子器件的理论与结构创新方面的研究，从理论上解决了提高 p-n 结耐压的平面及非平面工艺的终端技术问题，做出了一些迄今唯一的理论分析解。在解决 MOS 功率管中降低导通电阻与提高耐压之间的矛盾问题上做出了系列重要贡献，发明了耐压层的三种新结构，提高了功率器件的综合性能优值，其中横向耐压层新结构在制备工艺上与常规 CMOS 和 BiCMOS 工艺兼容，有利于发展耐高压的功率集成电路。

漂泊少年求真理

1931年，在那个战火纷飞的年代，山河涂炭，家庭危顿，陈星弼的父亲陈德征在蒋介石的迫害下从高位跌落，身陷牢狱，虽在友人的帮助下重获自由，却从此终结了锦绣前途。就在这内外交困之时，陈星弼出生了，父亲给他起了个小名“难儿”，虽是父亲陈德征脱口而出，却蕴藉着为国家忧虑、为前程纠葛之心。也许是苦难磨砺，也许是战火侵袭，“难儿”这一生注定不凡。

陈星弼（前排中）与部分高中同学合影（1945年）

难儿就在家国蒙难之时成长着。他看着每天哥哥姐姐都背着书包去上学，回来后又叽叽喳喳地讲着学校里的趣事，陈星弼也十分羡慕，哭闹着要去读书。母亲担心战争的喧嚣越来越近，平静的课桌又能摆上几年？早点读书未尝不是一件好事。母亲便带着三岁的陈星弼去找上海南市区一心小学的校长，难得的是校长也很喜欢这个远未达到学龄的孩子，他的眼睛里充盈着求知的灵气。入学考试之后，陈星弼便在自己三岁这年开始了学习生涯。

1937年，“七七事变”之后，全面抗战爆发，那年陈星弼6岁，却不得已告别熟悉的家，跟随父母踏上了逃难漂泊的生活。他们先逃到浙江余姚，陈星弼在余姚县（现余姚市）横河小学读三年级，可是才读没多久，上海陷落了，陈星弼又跟随父母逃往浦江。一路上坐火车，换汽车，颠簸拥挤，匆忙混乱，到处都是乞讨的双手、惊恐的目光、饥饿绝望的面孔。无忧无虑的童年破灭，战火、饥饿、鲜血填满了陈星弼年幼的心灵。继续逃难，萧山、金华、南昌、长沙、武汉、重庆，一路不停地逃亡，偶然地安顿，转学四次才终于结束了小学生活。

“这个孩子是小学生吧？怎么混到这里来了？”比同班同学小几岁的陈星弼，总是让人误会成低年级学生。上了中学之后，依然如此。陈星弼小学毕业后，就读于江津县（现江津市，下同）白沙镇的“国立”十七中，后来又转学到江津县德感坝的“国立”九中读书。

陈星弼的大哥陈星沐在西北工学院读书，假期回来的时候，他就会和陈星弼绘声绘色地讲起学校的生活，那些关于近代物理的话题总是深深地吸引着这个十几岁的少年，在他的眼中，相对论、量子力学是那样的神秘莫测。逐渐成长起来的少年心里不知不觉悄悄地埋下了一颗理想的种子，他一心想成为一名科学家。“要成为爱因斯坦那样的人！”也许就是从那时起，陈星弼逐渐形成了自己的人生理想，追求真理，探索科学的奥秘。“凡是伟大的东西我都要学习，越是不懂的东西越要学习，没有任何功利性目的”。

回到上海以后，陈星弼就读于著名的敬业中学，近十年颠沛流离的生活和贫困艰苦的环境让陈星弼在学业上和敬业中学的同班同学差了一大截，倔强的陈星弼勤奋努力，迎头赶上。有一次，居小石老师还在全班同学面前表扬陈星弼“特立独行”的解题风格，即不管是否会做，都有自己特别的方法。陈星弼从小在做题上就“很有性格”，每道题都是自己做，绝不问别人。居老师还鼓励陈星弼“要一辈子做傻瓜（老实人），不要投机取巧”。这位居老师对陈星弼的影响极大，他让习惯独立解题的陈星弼在之后的科研更能发现问题，啃下硬骨头；他的“做傻瓜”的人生信条也让陈星弼一丝不苟、踏踏实实、不计浮名。

学生时代的陈星弼对好老师总是“莫名其妙地非常崇拜”，即便是上了大学也是如此。对于好老师的课，他总是不计辛苦地去听课。除了本学院的课，他还去听机械系、土木系、测量系的课。好老师的课总是堂堂爆满，陈星弼有时只能站在教室外趴着窗子听课，但是他依然乐此不疲，觉得听他们的课是“一种享受”。陈星弼也很认真听本系的黄席椿教授的课。这位教授讲课极为严谨，考试又很严格，同学们都很难超过 80 分，他教授的“电工数学”、“电波与天线”等课程给陈星弼打下了扎实的电工基础，他严谨认真、循循善诱的讲课风格也在之后深深地影响着陈星弼的教学生涯。

热血初缘半导体

1952 年，陈星弼从同济大学电机系毕业，之后他被分配到厦门大学电机系当助教。第二年，国家开始院系调整，陈星弼转到南京工学院无线电系。在那里，他辅导了四年电工基础课。但是年轻的助教也有苦闷的时候，他的研究方向一直没有定下来，只能搞理论学习。这对于一个极具钻研精神的年轻人来说，没有方向就等于失去了前进的动力。1956 年，他被指定到新成立的成都电讯工程学院工作，同时也给了他进修新学科的机会。做了四年电工基础的陈星弼敏锐地捕捉到半导体这一新方向，他选择了到中国科学院应用物理研究所进修半导体。他在该所两年半的时间内，一边工作，一边自学了从物理系四大力学到半导体有关的专业课，他暗下决心，跨越转专业难关，投身祖国新兴的半导体事业。

1958 年，在中国科学院进修的陈星弼被漂移晶体管吸引住了，当时他被指派去为计算机做半导体器件的测试。假期中，陈星弼也从未松懈，像平时一样努力。他以一个科研工作者的天赋，敏感地意识到这一领域具有极大的研究价值和发展潜能。不久，他的第一篇论文《关于半导体漂移三极管在饱和区工作时的储存时间问题》发表了。尽管这篇文章投到《物理学报》没多久就收到了论文的审稿意见，但是陈星弼不知道审稿人正是著名的半导体物理学家王守武先生（中国半导体事业有两位奠基人，一位是黄昆，一位就是王守武。）陈星弼收到审稿意见之后认真地进行了修改，并就相关问题做出了解释。直到论文发表之后，陈星弼才知道王守武先生是审稿人。在该文中，陈星弼对漂移晶体管应用于计算机中的饱和区工作的存储时间问题做出了系统的分析。后来，该论文被美国斯坦福大学教授毕列卡于 1967 年在《晶体管的电特性》中引用，日本管野卓雄教授在陈星弼发表论文 4 年后也发表了相关问题的论文。第一篇论文就如此大获成功是陈星弼没有想到的，但是这份成功却无形中让陈星弼对未来的科研之路充满了信心和憧憬。

命运总是青睐有准备的人。20 世纪 60 年代末 70 年代初的彩色电视大会战给陈星弼提供了在科研实践领域崭露头角的机会。1969 年，陈星弼被派到 773 厂支援研制氧化铅摄像管。一次，他通过该厂资料室的人获知，贝尔实验室正在研制硅靶摄像管。陈星弼的科研思维非常敏捷，他立即向当时学校负责彩电攻关的许宗藩提出研制硅靶摄像管的建议。研制硅靶摄像管是成都电讯工程学院被四机部接管后接受的第一个科研任务。在硅靶靶面研制小组成立后，陈星弼作了理论论证，提出了从工艺和测量方面进行攻关的三大难题：暗电流在（10^{-10}A）量级的测试方法和测试图形的设计；光电二极管的高浓度扩散技术；将直径 2 厘米的硅片的中间直径 1.5 厘米部分从 100 微

陈星弼与毛钧业主任研究工作

陈星弼（后排左三）与半导体专业部分教师合影（摄于 20 世纪 80 年代）

米均匀减薄至 8 ～ 10 微米。全组人经过四个月的艰苦奋战，在 733 厂和 970 厂的配合下，终于研制出我国第一支硅靶摄像管。

陈星弼不仅个人得到了快速成长，在他担任三系主任后，他带领全系老师还成功地争取到“半导体器件与微电子学”的博士点申请，为学校在该学科领域的发展做出了开创性的贡献。

陈星弼带着他的“半导体功率器件及高压集成电路”团队不负众望，在短短两年就建起了梯队，结出丰硕成果，以高分顺利通过了博士点申请。

申请到博士点后，许多有志科研的青年来到成都电讯工程学院修读半导体专业的最高学位。当他们喜悦地穿上博士服，当他们再从成都电讯工程学院奔赴全国各地，他们尊敬而崇拜的眼光离不开那位为博士点申请殚精竭虑、立下汗马功劳的老人——陈星弼。是的，“半导体器件与微电子学”博士点在学科建设上具有里程碑的意义，陈星弼功不可没。

“第二次革命”引潮流

“第一次电子革命”是指由半导体微电子技术引起的变化。至此，信息时代随之而来。陈星弼曾生动地描绘微电子技术，“它是应用一个比头发丝小百倍（且越来越小）的晶体管（半导体器件）代替 50 年前有半个香蕉大的电子管”。科技日新月异的发展令人惊异，半导体微电子技术让为数几百万甚至更多的晶体管可以共同栖身在手指甲大小的集成电路上。

令人更加惊异的是“第二次电子革命”。这一提法最早出自 B. J. Baliga，他认为用微电子技术来控制和利用电能的方法，可以称为“第二次电子革命”。然而，有一个问题出现了并成为发展的瓶颈。即要让功率管实现对电能的控制，主要的方法是开关。要想实现对开关的自由控制，就要实现开关的高灵敏、智能化。但是，功率管要求耐高电压而集成电路只能耐低电压。国外一些研究人员采取的是把功率管和集成电路“隔离”起来，耗费巨大成本，还“费力不讨好”。陈星弼决心啃下这块硬骨头，要让仪器不仅有一个“聪明的大脑”——集成电路，还能做到“四肢发达”，让做开关的功率管能够轻松地直接连到集成电路上。

早在 20 世纪 50 年代，半导体器件就逐渐取代了小功率电子管，而且在大功率方面，也取代了传统的闸流管、引燃管等。半导体功率器件经过几代的发展后，到 1980 年前后，出现了 VDMOS（垂直双扩散金属—氧化物半导体场效应晶体管）。VDMOS 兼有双极晶体管和普通 MOS 器件的优点，无论是开关应用还是线性应用，VDMOS 都是理想的功率器件。VDMOS 主要应用于电机调速、逆变器、不间断电源、电子开关、高保真音响、汽车电器和电子镇流器等。它的特征是：接近无限大的静态输入阻抗特性、非常快的开关

1981 年，陈星弼在伯克利校门前留影

时间、导通电阻正温度系数、近似常数的跨导、高 dV/dt。VDMOS 之后，很快出现了 IGBT（绝缘栅双极型晶体管）。它是由 BJT（双极型三极管）和 MOS（绝缘栅型场效应管）组成的复合全控型电压驱动式功率半导体器件，兼有 MOSFET 的高输入阻抗和 GTR 的低导通压降两方面优点。IGBT 是能源变换与传输的核心器件，俗称电力电子装置的“CPU”。到如今，它已经成为最重要的功率器件。作为国家战略性新兴产业，在轨道交通、智能电网、航空航天、电动汽车与新能源装备等领域应用极广。

陈星弼成为首位获 IEEE Ispsd“先驱奖”华人科学家

经过多年的试验，陈星弼通过改变功率管的结构，发明了复合缓冲耐压结构，现称为超结器件（SUPER-JUNCTION）。它的优点是导通电阻低、易驱动、速度快。该技术已经获得美国和中国发明专利。自 1998 年起，国外已有 8 家公司在制造。这个方法的工艺被改进后，成本大大下降，目前已成为一种重要产品，科技成果转化市场规模每年超过 10 亿美元。

美国得克萨斯大学电子工程系终身教授周电在中美两国法庭提交的专家证词中证实陈星弼的发明“第 5216275 号美国专利被此后的 220 多项美国专利所引用”。美国专家 Michael W. Shore 在给电子科技大学的信中提到，陈星弼的成果已经在世界范围内产生了 20 亿美元的商业价值。

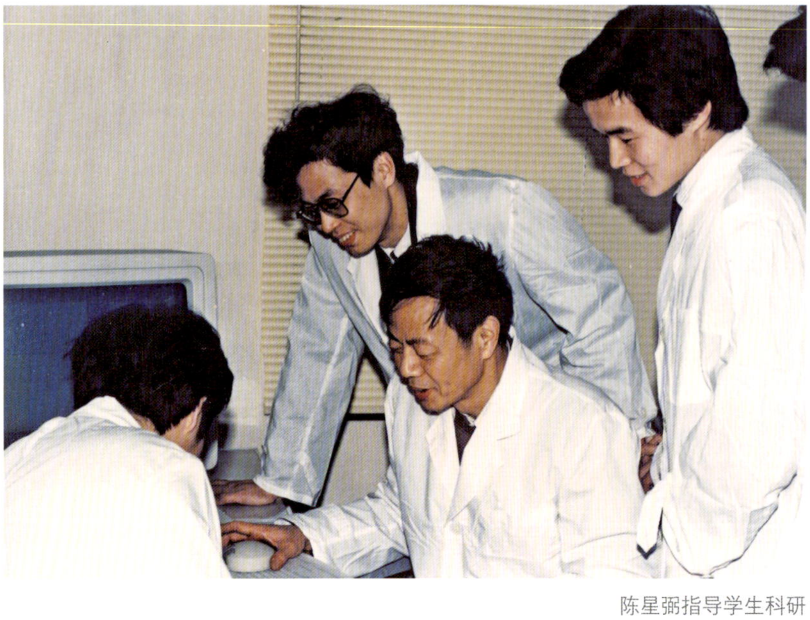

陈星弼指导学生科研

但是，陈星弼对超结器件仍然不满意，他耿耿于怀的是它的缺陷。他又研制成功了“具有异型掺杂岛耐压结构”。它适用于各种材料的各种功率器件，属于耐压结构上的创新。利用这一发明技术，耐压 450V 的器件只需不到 30mm 的外延层。传统技术则要超过 40mm 的外延层。厚外延是中国的难题，片子需要在国外进口。利用这一发明不仅可以使功率 MOS 导通电阻下降一半（过去杂质分布优化理论的极限只不过比均匀分布的下降 10%），而且用在 470V 耐压的二极管上其开关速度及导通压降与东芝公司的 200V 器件一致。

20 世纪 90 年代初，行业内专家认为，陈星弼的几项发明成为“第二次电子革命”的突破口，这一创新在十年内将无人能突破。国内外专家对陈星弼及其发明给予了高度评价。

美国专家 Alfonso Garcia Chan 对陈星弼做了这样的评价：“我认为陈教授是电子学科领域的知识巨匠，是国家的宝藏，应该被认为是中国现

陈星弼入选 ISPSD 首届名人堂

代的英雄。”

美国专家 Michael W. Shore 提到陈星弼的发明对半导体业界革命性的影响说：“他们所发布的这些专利和发明，真真切切地在功率半导体技术方面引发了一场革命。”

美国得克萨斯大学周电教授说：“陈院士的发明是中国人民的智慧瑰宝，也是全世界人民的共同智慧财产。”“该专利发明标志着半导体功率器件发展进入了一个叫作‘超级结’功率器件的新时代。”

为什么陈星弼的发明能撬开潘多拉魔盒引发“第二次电子革命”呢？这还得从陈星弼做访问学者时说起。早在 1981 年，陈星弼在伯克利做访问学者时就发现，各种平面结终端技术实质上都是利用在表面引入一些电荷，这些电荷产生的电场使平面结（Planer junction）边缘的电场降低。他认为，应该有一个最佳的电荷分布，能在表面以最短的距离，使击穿电压达到尽可能高的值。虽然这一想法具有极高的研究价值，但陈星弼并没有顺着这一思路深入下去，直到他看到 Steng1 提出的表面变掺杂（VLD）的实现方法。

陈星弼院士的弟子黄勤给我们提到一件往事：“1992 年我还在剑桥时，老师来访，我安排他在我们学院的中世纪客房入住。一天，他说他发明了超越硅器件理论极限的东西。我说不可能。后来证明他是对的。他发明了一个叫超级 PN 结的理论。”

关于表面耐压层结构的想法一直在陈星弼心底沉睡多年。突然间，一篇论文，一个灵感，好像无边的暗夜里，打了个雪亮的忽闪，一下就把它震醒了。

为了实现他的梦想，陈星弼于 1993 年去加拿大多伦多大学做访问学者，却没有找到合作的伙伴。翌年，他又去了英国威尔士的斯旺西大学，在那里做出了一些成果。归国后，陈星弼决定走自己的路，而且他坚信这种方法比国外的 BCD 技术要先进很多。

陈星弼自己出钱去租了一个 MEDICI，不分白天黑夜地泡在实验室里。助手唐茂成和叶星宁协助他到沈阳电子部 47 所投片。有一天晚上，陈星弼工作得太久，起身看表，时针已经指到深夜 1 点，系楼门也早已上锁。怎么办呢？陈星弼看到门玻璃上有一个空洞，童心未泯的老先生也不去叫保安开门，他撸撸袖子，很灵活地就从这个空洞爬了出去。事后，陈星弼还很高兴，这样可以天天加班，不用担心系大门被关。

“表面耐压层结构”也是一个科学智慧的新婴儿，这个“孩子”大有来头，它凝结了陈星弼院士十余年的基础理论研究。利用该发明所做的横向型器件，可以达到同样衬底下突变平行平面结耐压的 90% 以上，而且导通压降特别低，开关速度快。特别的，其电学特性的优值为现有最佳器件的 2 ～ 200 倍。更重要的是，这些器件在工艺上可以和常规

陈星弼指导学生学习

CMOS 及 BiCMOS 工艺全兼容。它使高压集成电路摆脱了成本高昂的介质隔离方法、占用面积过大的 PN 结隔离方法，或者是电学性能不够理想的 RESURF 自隔离方法。“表面耐压层结构”使我国高压（功率）集成电路在一个新的、比国际上更先进的起点上起飞。它已经获得中国发明专利。根据该发明可以解决将功率管做到集成电路上的高代价问题。

有人曾经问过陈院士：“您做科研的动力是什么呢？”为科研付出的代价，陈星弼深有感触，他回答说：“是对未知世界的好奇心，而不是为了生存、吃饭或者金钱。”“科研需要你将所有精力、时间投入其中。只有不停地想，吃饭、走路的时间都不放过，才有可能在一刹那突然想出来。”“科研没有运气，要做出成绩来，只有不停地努力。”他还多次向学生复述马克思的名言：“科学没有平坦的大道，只有不畏艰辛沿着陡峭山路攀登的人，才有希望达到光辉的顶点。”

丹心一片育桃李

如果说陈星弼这一生有两件事不能割舍，那就是科研和他对学生的爱。1959 年，刚回到成都电讯工程学院工作的陈星弼给半导体材料与器件专业 6539 班上专业课“半导体物理”。在这之前，陈星弼虽然做过几次小型讲座，但从未真正登台给学生们传道授业。但是，他总是喜欢挑战困难，越是不容易的事儿越能激发他内心的力量。这样的迎难而上贯穿了陈星弼漫长的科研教学事业。那时，年轻的陈老师上课从不带讲稿，他总是从身上摸出一张香烟盒大小的纸片，滔滔不绝地讲起来，偶尔看看纸片上的备忘摘录。原三系总支书记刘清泰清楚地记得 50 年前陈老师给他们上课时的小卡片，“非常小的活页纸，正反两面都写，提纲挈领”。而他们不知道的是，对知识信手拈来的背后其实是陈老师的勤奋。夜深人静时，他拧亮台灯，在纸上沙沙地写着教案。什么内容该讲？旁枝末节过多是否会冲淡主题？开课之前，陈老师总是将教案熟悉到极致，所有理论体系、知识案例都在他的脑海里形成一个严密的体系。走上讲台，要讲的内容像流水一样涓涓不息地流淌出来。他认为，要教好书，不仅要把所教内容融会贯通，还要考虑学生如何能更好地接受，他甚至对讲的一句话或一段话都要事先琢磨很久。为了实现最好的教学效果，授课前，陈老师都要先讲给夫人听。已是成电一系教师的唐俊奇既当学生又做最挑剔的评审，陈老师的语言里掺杂着上海话和四川方言，唐俊奇纠正他的发音错误，夫妻俩细细推敲每一个例子是否准确，逐一琢磨每一句话的最佳表达方式，把有关内容融会贯通，然后再联系学生实际，用启发式教育的方式，先讲实验现象，反过来推概念，再讲理论解释。

陈老师很看重培养学生的底蕴和文化素养。他认为，要成为人才，不能只顾眼前的专业，一定的“底蕴”是必不可少的。陈老师常常给学生们讲我国著名科学家钱伟长的故事。钱伟长刚进入清华时是历史系，以文史见长，而物理只得了 5 分。后来，钱伟长却成了固体力学和流体力学的大师。所以，只搞科研，不注意培养个人的文学素养也是不行的。陈老师的学生朱翔回忆起读研究生的时候说：“陈老师总是要求大家背诵《岳阳楼记》《出师表》《兰亭集序》

等古文，即便是毕业了好多年，还是能张口就来‘永和九年，岁在癸丑’。当时我不懂这样做的意义，有了更多的生活经验之后，才懂得陈老师的良苦用心。”

在学生学业方面陈老师尽职尽责，在学生遇到生活上的问题时陈老师也是倾囊相助。有一次，一个学生因为种种原因错过了春节回家的当班火车，临时补票后匆忙搭上了另一班火车。回到家，他收到的第一条短信居然是陈老师发来的，短信的内容是：“知你误了火车，到家否？甚念。”寥寥数字，是一位耄耋教师对学生的牵挂和关怀。还有一次，陈老师的学生在和陈老师聊天时偶然间谈起了自己的父亲患有糖尿病，结果没过几天，陈老师便找到那个学生，给了他一些对于治疗糖尿病很有益处的药，要学生寄回家里去。面对这样的关怀，又有谁能不动容？！以至于陈老师教书几十载，一届一届的学生都对他的教诲感念不忘，怀抱着师恩继续在科学道路上不畏劳苦勇于攀登。

“长寿是让我有足够的时间为祖国做更多的事情。”陈星弼并不在乎生命长短与否，但是，耄耋之年仍然紧张工作在科研战线的最前沿，他深感幸运。这似乎弥补了他青春最盛的年华被荒废的遗憾。经历过山河破碎的一代人，他们对国弱民贫、生灵涂炭的印象锥心刺骨，对祖国的感情让后辈难以企及。为了给工业发展做出切切实实的贡献，他痛苦地放弃了关于理论物理的梦想。在功率器件领域，他艰苦工作，常常通宵达旦。当他的同龄人都已退休，悠闲生活，含饴弄孙，陈星弼依然全身心地扑在工作上；当一项项专利成果问世，当他的成就为世界瞩目，陈星弼还在思考着如何能让成果为中国的电子工业服务。他想着，怎样提高高校教师的待遇，为三尺讲台留住更多的人才；他想着，如何能培养出更多的综合素质高、创新能力强的学生。

正如那句马克思的名言，“科学绝不是一种自私自利的享乐。有幸能够致力于科学研究的人，首先应该拿自己的学识为人类服务。”从实验室到三尺讲台，陈星弼真的把自己的一生、把这漫长的岁月献给了他满怀热爱的祖国。

陈星弼做《做人与成才》讲座

初心：甘为人梯，无私奉献

学院举办我国第一个无线电材料与器件系主要创建者

毛钧业：

100 周年诞辰纪念会

2019 年 11 月 24 日，毛钧业先生诞辰 100 周年纪念会暨“不忘初心、牢记使命”主题教育活动在杭州举行。中国科学院郑耀宗院士，电子科技大学杨晓波副校长，校合作发展部相关负责人，电子科学与工程学院师生，电子科技大学集成电路行业校友会、长三角校友会，毛钧业教授的学生，行业代表，电子科技大学“钧业班”学生等200余人出席，重温立德树人初心，牢记人才培养使命，共同纪念我国第一个无线电材料与器件系的主要创建者、组织者和领导者、我国高校第一个半导体专业的组织领导者、电子科技大学毛钧业教授 100 周年诞辰。纪念会由电子科学与工程学院院长樊勇教授主持。

活动伊始，一段视频将毛钧业先生的生平和他热爱的微电子事业娓娓道来。视频中，毛钧业先生的同事、学生以及钧业班的学子们分别深情回忆了与毛钧业先生交往的感人故事，以及毛钧业先生的动人事迹对自己的鼓舞之情，共同追忆毛先生留给后人的宝贵精神财富。

电子科技大学副校长杨晓波教授表示，今年是毛钧业教授 100 周年诞辰，我们必须肩负毛钧业等先辈意志，将以先辈们艰苦奋斗精神为指引，努力发展、壮大集成电路事业，为祖国发展做出更大的贡献，以致敬这位中国第一个无线电材料与器件系的主要创建者、组织者和领导者。

余姚市副市长陆国栋高度赞扬了乡贤毛钧业先生对半导体事业的突出贡献，并向出席纪念会的嘉宾介绍了余姚市的历史名人、文化特色以及产业发展，欢迎到场嘉宾到余姚做客。

毛钧业先生的学生代表、成都亚光电子股份有限公司总工程师何放回忆了毛钧业先生在教学岗位上的兢兢业业，在学业、生活中对学生的无私帮助。在当前中美贸易摩擦、芯片竞争的大背景下，“我们把专业做好，就是对毛老师最好的纪念。”何放说道。

纪念会上，毛钧业次子毛瑞明先生感谢了学校、学院以及成电校友会，尤其是浙江驰拓科技有限公司总经理、电子科技大学集成电路行业校友会执行理事长、长三角校友会会长赵建坤对本次纪念会给予的大力支持。他回忆了毛钧业先生的生平往事，“父亲最大的特点是为人谦和、表里如一、淡泊名利。他的行为举止一直是我们成长行事的楷模，这也是父亲留给我们最宝贵的遗产。”

为了纪念毛钧业先生的杰出贡献，电子科技大学于2014年3月成立首届“钧业班”。“钧业班”立足于学生未来发展，搭建成长平台，提倡个性发展，践行“聚是一团火，散作满天星”的理念，旨在培养具有担当意识、领袖气质、人文底蕴、创新精神的时代帅才。目前已经发展到第六届“钧业班”。来自钧业2班的学生代表李晨光讲述了“钧业班”的发展历程、教育形式以及学生的成长收获。“‘让优秀成为一种习惯’是‘钧业班’给我带来的最大的影响。”李晨光相信，深受毛钧业先生精神影响的他们会在不久的将来，散落在祖国的各处，传承着“钧业精神”，为中国电子信息产业的发展添砖加瓦。最后，李晨光代表“钧业班”学生向毛瑞明先生赠送“钧业班”学生的礼物和祝福。

中国科学院院士、香港大学原校长、香港城市大学创始校长、电子科技大学特聘讲席教授郑耀宗表示，毛先生为我国半导体事业做出了卓越的贡献，培养出了一批优秀的青年，展现了老一辈科学家爱党爱国的高尚情操和美德，是我们学习的楷模。郑院士鼓励产业界、学术界同行分享智慧，碰撞火花，继承毛钧业先生遗志，为我国半导体行业发展做出更大的贡献。

毛钧业先生的学生、原四川省电子厅厅长蒋臣琦在回忆录《永远的怀念》中讲道：“毛老师虽然离开了我们，但您那听党的话，打起背包就出发的西迁精神；从无到有，白手起家的创业精神；站在科学发展前沿的创新精神；勤于学习的刻苦精神；身教重于言教的育人精神；对人对事的谦逊精神，永远是我们学习的榜样，是我们为人的根基，行为的准绳。”

毛钧业先生的精神品格深深地影响着无数成电人。“所谓大学者，非谓有大楼之谓也，有大师之谓也”，正是有毛先生这样勤勤恳恳、兢兢业业、品德高尚、学术高深的老师，成电才培养出了数以万计的优秀半导体人才，成为中国电子信息类院校的“排头兵”。参会师生纷纷表示，将不忘初心，牢记使命，将甘于人梯、无私奉献的“钧业精神”在成电传承下去。

电子学院，
做最美的我们

电子科学与工程学院（示范性微电子学院）全员教职工不忘初心，牢记使命，忠诚于党的教育事业，做新时代奋斗者！2019 年，学院涌现出一批荣获校级荣誉表彰的教职工个人和集体，争做表率之师、敬业之师、博学之师、仁爱之师，不断开创教育发展新局面，做最美的我们！

2019 年教师节，学院部分受表彰老师与电子科技大学校党委书记王亚非合影

2019 年电子科学与工程学院（示范性微电子学院）教职工获校级荣誉表彰名单

（排名不分先后）

成电先进科研团队

电子功能薄膜与器件研究室

电磁辐射控制材料与技术团队

成电引才育才先进团队

功率集成技术实验室团队

成电管理服务优秀团队

电子学院人事人才办公室

成电学生工作优秀团队

电子学院学生科

成电国际合作与国际教育先进单位

电子科学与工程学院

成电创新教学示范奖

何松柏

成电青年教师教学竞赛奖

樊 华

成电研究生教学优秀奖

罗 萍

喻 胜

成电先进科研工作者

林 媛

李 恩

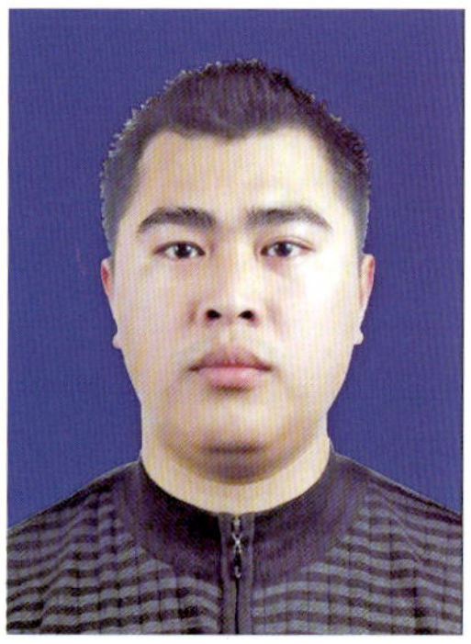

黄 桃

成电引才育才先进个人

邓龙江

宫玉彬

向全军

张　波

张树人

张万里

成电校友工作先进个人

张开华

李元勋

成电国际合作与国际教育先进个人

林先其

成电管理服务标兵

李　伟

值此第 35 个教师节来临之际，

我们致敬最美的人！

亲爱的老师们教师节快乐，

电子学院有你们更美丽！

电子学院举行

庆祝中国共产党成立 98 周年暨 2018-2019 年度表彰大会

近日，电子科学与工程学院（示范性微电子学院）庆祝中国共产党成立 98 周年暨 2018—2019 年度表彰大会在科 C216 会议室隆重举行。全国模范教师罗大明教授，学校党委组织部副部长张均强，学校党委宣传部副部长陈伟，学院党委书记李雪梅、院长樊勇、常务副院长蒙林、党委副书记王勋、副院长程钰间、党委委员李天明及学院师生党员代表出席了此次大会。大会由学院党委副书记徐岩主持。

王勋宣读了《关于表彰 2018—2019 年度先进党支部、优秀共产党员和优秀党务工作者的决定》，会上对 7 个先进教工党支部、30 名优秀共产党员和 5 名优秀党务工作者进行了隆重的颁奖仪式。

优秀共产党员代表、集成电路与系统系教工第二党支部书记张晓升在发言中讲到，作为一名15年党龄的党员、作为一名成电培养出来的青年教师，非常感谢党组织的培养、学校学院的关心爱护以及老师同学们的帮助。优秀共产党员的荣誉既是肯定，更是鞭策和责任。在担任支部书记期间，积极开创了支部党建工作新局面，确立了“思政搭台、科研唱戏；红色纽带、师生传承”的支部党建特色风格，并取得了良好的效果。在今后的工作中，将继续保持“立大志、成大器、为国家做大贡献”的成电精神，做好学生的领路人，做好党的事业的接班人。

优秀党务工作者代表邱宇介绍了学院“微梦”党建委员会的相关工作，并从“以职责之心，做促进创先争优的模范”“以公仆之心，做扎扎实实干好工作的先锋”和“以平常之心，做一名合格的党务工作者”三个方面，分享了自己开展党务工作的心得与体会。

李雪梅书记代表学院党委对受到表彰的先进集体和优秀个人表示祝贺，并向电子学院的1384名党员同志致以节日的问候。她指出，自1921年建党以来，中国共产党经历了98载风雨洗礼。纪念是为了更好的传承，传承是为了把党的宏伟事业不断推向前进。希望全院师生党员以党员身份为荣，坚定理想信念；以党员使命为魂，矢志不懈奋斗；以党员责任为要，争当先锋模范。在国家“两个一百年”奋斗目标的历史交汇期，在学校“双一流”建设、学院电子科学与技术A⁺学科建设、学院党委获评“全国党建工作标杆学院”的关键发展时期，以最坚定、最自觉、最实在的行动和奋斗，书写电子人在新时代的使命担当。

表彰大会结束后，全国模范教师、中共四川省委组织部特聘专家、中共四川省委宣传部讲师团主讲教

授、中共成都市委组织部特约研究员、电子科技大学首届我最喜爱十大老师获得者、马克思主义学院罗大明教授以“不忘初心、牢记使命”为题，为全体党员代表上了主题党课。罗大明从“民本”思想出发，带领全体党员一起回顾了中国共产党带领中华民族历经98年，从站起来、富起来到强起来的复兴之路。他指出，教育工作者和青年大学生的初心和使命，就是坚定理想信念，就是培育和践行以“艰难困苦、勇于创新的开拓精神和不计名利、无私奉献的人格魅力”为主要内容的现代教育精神，要为中国人民谋幸福，为中华民族谋复兴。

会上，全体党员代表一同重温了入党誓词，承诺要处处以党的利益为重，全心全意为人民，将为共产主义奋斗终生的誓言付诸行动，向优秀的共产党员学习，争做合格的党员。

2018–2019 年度先进党支部

微电子与固体电子系教工第一党支部
物理电子系教工第二党支部
微波工程系研究生第八党支部
物理电子系研究生第二党支部
微电子与固体电子系研究生第一党支部
微波工程系研究生第十一党支部
钧业班本科生党支部

2018–2019 年度优秀共产党员（教工）

张　波	微波工程系第二党支部
谢小东	集成电路与系统系第一党支部部
张晓升	集成电路与系统系第二党支部部
贾春阳	微电子与固体电子系第一党支部
金立川	微电子与固体电子系第二党支部
陈海燕	微电子与固体电子系第三党支部
钟任斌	物理电子系第二党支部
王　丽	物理电子系第三党支部
文　译	学院机关第一党支部
易青颖	学院机关第二党支部

2018–2019 年度优秀共产党员（学生）

吴亚飞	微波工程系研究生第六党支部
吕骄阳	物理电子系研究生第五党支部
杨鸿宇	微电子与固体电子系研究生第十六党支部
鲍飞鸿	集成电路与系统系研究生第三党支部
纪东峰	微波工程系研究生第六党支部
简丽蓉	微波工程系研究生第三党支部
周先立	微电子与固体电子系研究生第十三党支部
龙俊凯	物理电子系研究生第七党支部
刘家玮	微波工程系研究生第十一党支部
雷天宇	微电子与固体电子系研究生第二党支部
乌日汗	微波工程系研究生第七党支部
卢彦伟	物理电子系研究生第二党支部
谯　彬	微电子与固体电子系研究生第十三党支部
吴浩阳	集成电路与系统系研究生第五党支部
胡凯琳	微电子与固体电子系研究生第二党支部
舒晓霞	集成电路与系统系研究生第一党支部
劝婧涵	微波工程系研究生第五党支部
杜新川	电子科学与技术专业本科生党支部
高　翔	电波传播与天线专业本科生党支部
张季聪	电磁场与无线技术专业本科生党支部

2018–2019 年度优秀党务工作者

林先其	微波工程系教工第二党支部
廖　莉	物理电子系教工第一党支部
邱　宇	学院“微梦”党建委员会
赵　凡	微波工程系研究生第六党支部
邓亚平	学院“微梦”党建委员会 / 微电子与固体电子系研究生第三党支部

UESTC

UESTC

Chapter 3

践 · 使命

……

电子学院开展“不忘初心、牢记使命”主题教育

党委篇

“不忘初心、牢记使命”主题教育开展中，电子学院党委认真动员部署，积极谋划推进，扎实开展主题教育，狠抓落实，贯穿始终，取得了良好的效果。

2019.12.14

电子学院与清华大学、国防科技大学、浙江大学、山西大学等高校标杆院系就“全国党建工作标杆院系”培育和建设工作进行交流，主动对标高水平大学一流院系建设先进经验。

2019.11.16

不忘初心庆重阳，砥砺前行创一流，感谢老教师们为学院建设打下了坚实的学科基础、人才基础，愿为创建世界一流的研究型学院谏言献策、贡献力量。

2019.10.11

传承红色基因，重温初心故事。学院党委赴夹金山开展“不忘初心、牢记使命”主题教育暨党支部书记培训会。

2019.9.24

不忘初心，坚定信念，再创新辉煌，电子学院党委召开 2019 级研究生新生党员大会。

2019.9.6

教工篇

电子学院举办我国第一个无线电材料与器件系主要创建者、我校毛钧业教授诞辰 100 周年纪念会。

2019.11.28

微固系教工第二党支部，研究生第三、十六党支部开展“不忘初心、牢记使命”主题教育。

2019.10.29

学院教工机关党支部开展“我和我的祖国”主题党日活动，用实际行动践行“不忘初心”，永远牢记“历史使命”，为实现中华民族伟大复兴的“中国梦”而努力奋斗。

2019.10.10

“以德立身、以德立学、以德施教、全面加强师德建设”，学院举办“ESE 引路人”青年教师成长分享会暨师德师风培训会。

2019.9.23

积极投身科研事业，为实现更好、更高水平的“中国芯”做出更大的贡献，微固系教工第一党支部赴贵阳振华集团开展支部共建活动。

2019.9.17

学生篇

将个人理想与国家需求紧密结合，电子学院组织学生走进国家高新技术企业，了解国家重大需求和行业动态。

2019.12.16

电子学院“钧业班”本科党支部开展“我和我的祖国”主题党日活动，唱响主旋律、礼赞新时代。

2019.10.14

“成电青年·读懂中国”读书分享会，在火热的青春中放飞人生梦想，在拼搏的青春中成就事业华章，为实现中华民族伟大复兴的中国梦贡献成电青年的力量。

2019.9.29

2016 级本科集电二班开展“海与浪花一首赞歌，祖国与我一帆远航”青春告白祖国主题班会。

2019.9.25

了解成电历史，学习并传承成电人爱国奉献、艰苦奋斗、务实创新、追求卓越的优秀文化基因。本科 2019 级开展《成电故事》新生教育讲座。

2019.9.24

学院师生
唱响《我和我的祖国》
献礼 新中国成立 70 周年

有些时候，有些事情，有些地方
总会触发我们的共鸣
有些人物，有些旋律，有些感受
总是久久不能忘怀
譬如有那么一种声音，那么一个旋律
每当它响起的时候，总是让人澎湃不已
献礼新中国成立七十周年，
电子学院师生
为祖国唱出自己的心声
是对祖国的热爱，
也是身为中华儿女的自豪

扫描下方二维码观看视频

不知道这样的歌声，能否引起，你的共鸣？
是激动，是自豪，是感动，是骄傲？
或许，除了内心的感受，实际的体会也许更能激发由心的自豪！

9 月，学院党委赴夹金山，
开展“不忘初心、牢记使命”主题教育。
在红军村口，学院师生摆出的“70”为歌曲《我和我的祖国》提供了最适当的背景；
歌声之中既有报国的笃定又饱含柔情；
手中挥舞着的国旗随风飘扬；

阳光正好，明媚而不耀眼；

就像党员的心，

赤诚而又平和，

不忘初心，牢记使命。

这份从容与坚定，在山间回荡，引得路人纷纷驻足凝听。

其实，除了这些，我们的日常，也时时刻刻为祖国而奋斗，为祖国的繁荣昌盛添砖加瓦。

清晨，朝露晶莹，鸟儿欢唱，金色的阳光洒向大地，万物随着第一缕阳光的照耀而苏醒，那群可爱的电子人，开始了他们一天的工作和学习。

办公室里，老师们开始了紧张又平凡的一天；

教室里，同学们在上课前积极地请教问题。

在课堂上，老师和学生交流实验中出现的问题，助力科研工作；

活动中，同学们汲取经验，积极与老师们探讨，

从一个个问题中寻出科学的真谛，

从一个个彷徨中坚定青年人肩负的使命！

电子学院“芯声飞扬”合唱团成立于2018年5月，曾代表学院于2018年、2019年分别斩获电子科技大学“年华似锦”校园合唱节金奖和银奖。值此新中国成立70周年之际，电子学院“芯声飞扬”合唱团用一首《我爱你中国》，以歌声献礼祖国，以成电人求实求真的精神，不忘初心，牢记使命！

壮丽70载，

奋斗新时代！

我以我心爱祖国，

我以我行报祖国。

我们在电子科技大学电子科学与工程学院，

祝福祖国母亲：

国泰民安，繁荣昌盛！

我爱您，祖国！

张开华：

用58载谱写“成电故事”的“常青树”

文丨陶玉祥　盛　利

2019年8月19日，《中国青年报》第7版“大学里的‘校宝’故事”栏目刊发了我院张开华教授在教育战线上奋斗58载的动人故事。张开华说，“只要你对学生好，学生就一定能记住你。”在学生们心中，他不仅是师长，也是“兄弟”或“爷爷”。报道一经推出，就被央视网、学习强国、中国青年网、中国科技网、半月谈、新浪等主流媒体纷纷转载。

张开华与学生交流

“只要你对学生好，学生就一定能记住你。”今年84岁的张开华曾任电子科技大学微电子教研室主任，长期从事微电子方面的教学和科研工作，同时还是一位精通俄语和日语、粗通英语的翻译工作者。

张开华在教育战线上奋斗了58载，他教的学生中，年龄最大的已经86岁，比他自己年龄还要大。1996年，张开华退休，在学校当起了班主任、研究生院教学巡视员、思想政治师德师风巡视员、电子学院教学质量小组成员、《成电故事》讲师团成员……在学生们心中，他不仅是师长，也是“兄弟”或“爷爷”。

20世纪50年代，20岁出头的张开华作为国家留苏生远赴苏联求学，5年后，他凭借优秀的成绩，获优秀毕业生证书。学成回国的张开华被分配到电子科技大学的前身成都电讯工程学院任教，一干就是数十载。当时的成都还比较落后，张开华本可以到更好的地方工作。“党和国家让我来，我就来了，共产党的恩情是一辈子也偿还不完的，唯一可以做的就只有教书育人。”他说。

20世纪80年代，国内半导体集成电路方面的教材匮乏。于是，他和西电两位老师一起下工厂实习，和工人们一起干活，在实践中总结提炼，编写了一本《半导体集成电路》(1986年版)，之后，他又独立编写了一本《半导体集成电路》(1995年版)，作为全国规划的统编教材，供国内众多高校使用。张开华告诉记者，当时出书不像现在，是非常不容易的，要参与竞选，竞选通过了才能出版。

1996年，刚过60岁的张开华正式退休，但他舍不得离开熟悉的讲台，依然活跃在教学一线。当时，他正在做的俄语专业翻译工作非常火爆，但因为确定接他讲专业课“集成电路原理”的老师研究生尚未毕业，他坚持上这门课到2000年。之后，他又为全校新开了公选课“VLSI设计基础”，连当了好几届学生的班主任，还到云南大学、四川大学物理学院和电子科技大学中山学院讲授专业课。

“我热爱教育教学工作，喜欢和年轻人在一起，他们的活力也让我年轻起来。”张开华说。因为具有丰富的教学经验，2005年6月，已经70岁的他被聘为电子科技大学成都学院微电子系主任，他的身影又更多地出现在成都学院的讲台上。每一堂课，张开华都面带微笑、精神饱满地走进课堂，讲课方式幽默风趣，与学生自然平等地交流，带动学生在轻松活跃的氛围中学习思考。一直以来，张开华秉承教学艺术的观点，把授课当成一门艺术。“授课是门手艺活儿，需要投入很大的精力才能磨炼

张开华指导学生活动

张开华给同学做讲座

出真本领。”他说，把自己知道的东西用简洁而又准确的语言表达出来，让学生理解和接受，并不是一件容易的事，这需要在长期实践中不断积累和总结。

从教 58 年来，和张开华打过交道的学生成千上万。学生们总结出张开华上课的两个特点：一是讲“干货”，上课图片多、资料多，讲课内容都是微电子学科最新的研究成果；二是不带讲稿，从不照本宣科，一张有上百个结点的电路图，能一点儿不错地“背”到黑板上。

除了自身专业知识过硬，为了给学生们创造更好的学习条件，张开华也付出了诸多努力。他在担任电子科大原微固学院微电子 2002 级 1 班和 2 班班主任时，考虑到大一的同学不能使用电脑，就主动把自己的电脑捐给班里，供同学们学习用；在教授电路方面的专业知识时，他发现刚接触相关内容的学生们对此了解不多，他特意联系了一家电子公司，组织全班同学去参观学习，在实践中深入了解相关知识；不仅如此，他还借为乌克兰专家做翻译的机会，邀请专家与学生座谈交流；为了提高同学们英语四级考试作文的写作水平，他还主动联系曾经参与四级作文批改的老师为同学们指导……

多年的教学经验，让张开华能够准确地把握学生的心理诉求，成为学生的良师益友，深受学生们喜爱。接受记者采访时，张开华用车拉来一篮子书，里面有他为他带的每一届学生编辑的纪念册。他翻阅着纪念册上的照片，清晰地记得每一张照片的故事、每一个学生的名字，脸上满是幸福与骄傲。他动情地说：“我用真心去对待我的学生，和他们的关系不是一般的好！”在学生们看来，张开华不仅是传授知识的老师，更加是给予他们关怀的长辈。现在，张开华几乎每个周末都很忙，因为要迎接来看望他的学生们。在他 84 岁生日会上，七八十名历届学生主动前来给他祝寿，从 1957 级到 2013 级，跨越了半个多世纪。

2002 年，已经退休的张开华被返聘回学校当班主任。他得知所带的班级有一名学生因为患上肾结石需要住院，毫不犹豫拿出 2000 元帮学生付了住院押金。在当时，2000 元是他一整个月的工资。

在 SARS 流行期间，张开华不能和学生们见面，心里总是放心不下，他就每天往每个寝室打电话，问候每一个学生的身体情况，一直坚持到 SARS 警报解除。

即使在平时，张开华也会不时去同学们的寝室，和同学们聊聊天，看看同学们有什么困难、有什么需要。面对辛苦学习的同学们，他有时候还会买点水果“慰劳”一下。短短时间里，他已成为同学们在异乡最亲的人。他的 2002 级学生杨行中曾在一次公选课中病倒，在需要亲属签字时，他第一个想到的就是张开华。

“张老师无微不至的关怀真的打动了班里的每一个人。”他的学生刘轶伦回忆，张开华为每一名学生都建立了一个文件夹，里面记录了每一名学生的资料、一些贺卡和邮箱地址。在每一位同学生日的那天，他都会寄去一份贺卡，送上一份温馨的祝福。“革命人永远是年轻，他好比大松树冬夏常青，他不怕风吹雨打，他不怕天寒地冻……”

2019 年 4 月，电子科技大学师生在校园唱响经典老歌《革命人永远是年轻》，借此祝福新中国成立 70 周年。参与歌唱的师生中，有一支年迈的老教授团队——《成电故事》讲师团，张开华便是这个讲师团的成员之一。84 岁的张开华，总是站着给学生们讲述“成电故事”，他笑言：“老师怎么能坐着？我已经习惯了。”“面对困难不畏惧”“不随波逐流”“终身热爱学习”是张开华给予学生的临别赠言。一直以来，他也用自身行动践行着这三条箴言。

张开华一生都坚守在讲台上，培养了数以千计的学生。如今，他们正如恩师张开华当年一样，努力奋斗在自己的领域里，为祖国建设和发展贡献力量。张开华说：“我这辈子过得很单纯，就只做了教书育人这一件事，但我始终竭尽全力把这件事做到最好。我为自己感到骄傲！”

张开华与“钧业班”同学合影

陈远富：
不忘雪域报国初心 牢记教育援藏使命

文丨赵子鉴　魏文静

▶ 人物简介

陈远富，男，1972年3月出生于四川省开江县。电子科技大学电子科学与工程学院、电子薄膜与集成器件国家重点实验室教授、博士生导师，教育部新世纪优秀人才，中国电子教育学会优秀博士论文指导教师，中组部、教育部第9批援藏（西藏大学）学术带头人。2001年6月在四川大学获得材料学博士学位，2001.7—2005.1先后在中科院物理所磁学国家重点实验室以及台湾清华大学材料系从事博士后研究工作，2003.7—2005.1在德国莱比锡大学物理学系、德国莱布尼兹固态材料研究所从事访问研究工作。2008年5月，作为海外引进教授加入到电子科技大学。

近几年主要从事石墨烯等二维半导体新材料的可控制备及其微电子、光电子和传感器件研究，以及低成本、高性能纳米新材料及其新能源器件应用。主持或参与了国防“973”项目、“863”项目、国家自然基金近20项。获得四川省科技进步三等奖一项。近几年在材料、物理、化学等国际期刊发表SCI论文170余篇，其中ESI热点论文3篇、ESI高被引论文17篇，被同行引用超过5000次，获得授权发明专利近20项。

不忘初心，雪域报国

2019年6月初，电子科技大学接到中组部、教育部第九批援藏干部人才需求通知，陈远富自愿申请到西藏大学工作。当问及为何选择援藏时，陈远富这样回答：“作为一名普通党员，我觉得理所当然应该积极响应党和国家援藏号召；作为一名普通高校教师，我觉得到西藏教育援藏，正好能践行自己的家国情怀与理想信念，正好可以踏踏实实地为西藏教育事业做出一份自己微薄的贡献。”

在西藏高原工作，最稀缺的是氧气，最宝贵的是精神。工作生活中，会长期面临高寒干燥、严重缺氧的考验，甚至因严重高原反应面临牺牲生命的考验。然而，西藏和平解放60多年来，老一辈西藏建设者在当年更加艰苦的环境条件下，展现出的“特别能吃苦，特别能战斗，特别能忍耐，特别能团结，特别能奉献”的“老西藏精神”、川藏和青藏公路建设者们展现出的“两路精神”，以及“领导干部楷模”“民族团结典范”孔繁森展现出的“爱祖国、爱人民、爱西藏，热爱人民、无私奉献”的“孔繁森精神”，激励着一代又一代援藏人，陈远富也被这样的精神激励鼓舞，选择为西藏的教育事业无私奉献。

面对西藏高原艰苦的自然环境，陈远富认为，援藏干部人才应该首先要学习、弘扬援藏前辈们在西藏的奉献精神，认真学习、深刻领会习近平总书记关于治边稳藏的重要论述，认真学习西藏

从北京飞往拉萨（中央电视台的新闻画面）

自治区特殊区情、民情和风俗，更要高度重视反分裂斗争的复杂性和艰巨性。

作为援藏学术带头人，陈远富时刻不忘雪域报国的初心、牢记教育援藏的使命，始终将“立德树人、教书育人、言传身教”融于传道、授业、解惑过程中，努力为西藏大学教学、科研水平的提升奉献自己的一分力量，努力为西藏经济社会长足发展和长治久安培养更多“靠得住、用得上、留得下”的高素质人才。

排除万难，砥砺前行

援藏之路，困难重重。援藏干部们到达西藏后，首先要面对生活上的困难。

初到西藏，陈远富经历了“身体”适应期。西藏高原的氧气含量只有内地的50%~60%，陈远富因缺氧出现全身乏力、头晕的现象。在经历了“身体”适应期之后，陈远富还要经历“心理”适应期。陈远富提到：“我们刚到西藏的三周内，就接连听到2019年援藏干部人才中先后有2位战友因不适应严重的高原反应而牺牲的噩耗，这给大家造成了很大的心理压力”。第三，还要经历“情感孤寂”适应期。对于援藏干部人才而言，突然远离家人、朋友和熟悉的工作环境，来到陌生的、严重缺氧的高原环境，大家的内心情感是比较孤寂的。

在这段时间里，西藏大学党委书记尼玛次仁、校长纪建洲、副书记娄源冰、副校长（援藏领队）孟芳兵、组织（人事）部部长肖铖、校办及受援办主任李智元、理学院党委书记赵鹏程、院长普顿等领导以及电子科技大学师资办公室主任许之、电子学院党委书记李雪梅、院长樊勇、副院长（团队领导）张万里等领导，多次对陈远富在西藏大学的生活、工作进行关怀和慰问，陈远富内心感到非常温暖。陈远富

陈远富来到美丽的西藏大学

的家人、学生们和朋友们这段时间也给予了很多关心、鼓励和支持，让他倍感温馨。在这些关怀、鼓励和支持下，随着时间的推移，随着工作环境逐渐熟悉，陈远富的身体和心理都逐渐适应了西藏高原，克服了援藏的第一道难关。

除了生活上的困难，陈远富还面临着科研条件上的困难。

陈远富是作为学术带头人前往西藏大学理学院物理系从事教学和科研工作的。初到西藏大学，陈远富就对西藏大学理学院，特别是物理系的科研条件、科研设备进行了详细调研。西藏大学的物理系除了教育部宇宙射线实验室的科研设备、科研条件比较先进以外，在其他研究方向，包括陈远富熟悉的凝聚态材料、物理和化学等相关研究方向，目前尚缺少相关科研平台与仪器设备。

陈远富与一些有志于从事科学研究的年轻老师组建了“高原特色材料研究小组”，其中有2位国家青年特聘专家、1位副教授和几位讲师。经过几次讨论，陈远富和研究小组成员们都认为很有必要尽快在物理系搭建一个具有高原特色的材料制备、研发和产业化科研平台。于是，陈远富与小组成员们将这个想法分别向理学院赵鹏程书记、普顿院长及物理系雷文华主任汇报。几位领导都大力支持他们的想法，并建议他们尽快向学校申报科研平台建设经费。在几位领导的支持下，陈远富作为项目负责人向西藏大学申报了“高原特色凝聚态材料及应用实验室平台建设”项目；“高原特色材料研究小组”的几位老师还一起向学校申报了“高原特色凝聚态物理学科和科研团队建设”项目。此外，陈远富与援藏战友们鉴于自身对西藏高原严重缺氧的深切体验，还向西藏大学申报了“高原弥散供氧和湿度调控研究院平台建设”项目。目前，这三个项目都已顺利入选西藏大学2020—2022年科研项目库。期待这些平台或团队建好之后，能对高原特色材料及应用领域的科学研究提供良好支撑。

西藏大学理学院教师节表彰大会，
陈远富与理学院赵鹏程书记（左一）、普顿院长（右一）合影

陈远富给西藏大学理学院硕士研究生做学术前沿讲座

坚定信念，培养习惯，做有趣的科研

在很多人眼里，科研是个苦活累活，而在陈远富的眼里，尽管大多数科研需要付出辛勤努力去进行大量枯燥乏味的工作，但若从事自己感兴趣的、热爱的科研工作，科学研究就会变得富有乐趣，甚至让人激情澎湃。陈远富就是从事着自己非常感兴趣的新型纳米电子材料和器件应用研究，他觉得科学研究，特别是新材料、新器件的研究很有意思，甚至说很奇妙，特别是当发表原创性论文或取得创新性科研成果时，就非常有成就感。

陈远富有过多段求学和研究经历。对他而言，这些丰富而充实的经历不仅引领着他在科研的道路上一步一个脚印地前进，更是给予了他宝贵的精神财富。在四川大学、中科院物理所磁学国家重点实验室求学时，他先后师从涂铭旌院士和沈保根院士。涂先生崇高的师德师风、开阔的学术视野，对学生做人、做事方面的教导以及对学生创新思维的培养，让他受益终身；沈先生治学严谨、平易近人，让他记忆犹新。在德国访问期间，德国人对待学习和科研严谨、一丝不苟的态度给他留下了深刻印象。陈远富将这些精神渗透进了自己的学习和科研生活中，并在教书育人的过程中潜移默化地影响着下一代人。

在西藏大学，陈远富与孟芳兵副校长（中）等援藏干部人才一起歌唱《我和我的祖国》

对于当代的青年学生，陈远富分享了几种习惯和能力，希望对青年学生今后的学习、科研和工作有所帮助。一是要养成早起的习惯，充分利用早上的时间。早上人的精力旺盛、记忆力强，学习和科研效率更高，日积月累会有显著的效果。二是要养成并行、高效的学习和科研习惯，三是要养成勤奋刻苦、统筹安排时间的习惯。不懈的努力是成功的基石，合理规划时间、提高效率是成功的关键。

陈远富认为，对于青年学生，最重要的就是一定要着力培养自己的创新思维和独立思考能力。创新思维，对从事科学研究的青年学生至关重要，自然科学领域的诺贝尔奖无一例外都凝结着获奖者的原始创新思维。除了创新思维以外，青年学生还特别需要培养自己的独立思考能力。著名数学家华罗庚说得非常好："科学研究的灵感，绝不是坐等就可以等来的，而是靠善于独立思考获得的，而科学上的任何发现也都是给那些善于独立思考的人，给那些具有锲而不舍的精神的人。"

大学生在科研的过程中可能会受到物质、精神上的诱惑，对有志于毕生从事科学研究、对科学研究有热情和激情的青年学生来说，要做好科研就要保持一颗本心，要耐得住寂寞，要有敢将冷板凳坐热的心态，要将自己的热情和激情投入到感兴趣的研究领域（甚至是冷门领域），同时要有创新的思路，这样才有可能获得成功。

对希望参与科研的本科生，陈远富有如下几点建议：第一，最好选择自己非常感兴趣、很有激情的科研领域和方向；第二，要有自信心，科学研究工作与平时学习成绩没有显著的相关性，不能因为自己平时成绩不太好就觉得自己干科研不行；第三，可以有意识逐步培养自己的创新思维、独立思考能力和提出—分析—解决问题等能力；第四，兴趣爱好可能是短暂的，但科学研究好比马拉松比赛，只有勤奋刻苦和坚持不懈的人，才是最终的胜利者。

牢记使命，圆梦中国

习近平总书记在纪念五四运动100周年大会上号召"新时代中国青年要珍惜这个时代、担负时代使命，在担当中历练，在尽责中成长"，并对青年担当尽责、成长成才提出了六点期望和要求。

当问及对电子学院青年学生有何期望时，陈远富说，青年学生首先应该对照习近平总书记的六点期望和要求，切实承担起推进新时代中国特色社会主义事业的使命，努力成长为新时代德智体美劳全面发展的社会主义建设者和接班人。

随着中国特色社会主义进入新时代，青年人具有知识、观念和创新优势，在推进新时代改革开放事业、实施"四个伟大"的过程中，必须充分发挥青年群体作为建设者的积极作用。青年人具有体能、技能和智能优势，这一优势为青年担当起实现"两个一百年"奋斗目标的任务、成为新时代中国特色社会主义事业的接班人提供了必要条件。

作为新时代的青年，应当志存高远、忠于祖国，努力做新时代具有远大理想和坚定信念的爱国者。在中国迎来从站起来、富起来到强起来的伟大飞跃新时代，青年应深刻认识自身所面临的时代机遇和历史"使命"，将个人梦与中国梦结合起来，以实现中华民族伟大复兴为己任，不辜负党的期望、人民的期待和民族的重托，不断将中国特色社会主义事业推向前进。

喜报 电子学院 禹登容校友

荣获全国“岗位学雷锋标兵”称号、全国离退休干部先进个人称号

▶ 人物介绍

禹登容，女，成都电讯工程学院（现电子科技大学）本科 1976 级半导体器件专业，曾担任航空工业贵州天义电器有限责任公司高级工程师，现任遵义市义工联合会副会长、贵州省善道基金会理事长。

2019 年 2 月 28 日，中央宣传部、中央文明办在北京召开全国学雷锋志愿服务工作暨岗位学雷锋活动推进会，表彰了 50 名由中央宣传部命名的第五批全国岗位学雷锋标兵。其中，我院禹登容校友榜上有名。

2019 年 12 月 12 日，中共中央组织部授予禹登容校友“全国离退休干部先进个人”荣誉称号。

禹登容校友事迹

禹登容从 2009 年起参加社区志愿活动，累计志愿服务时长近 10000 个小时。2011 年，她加入《遵义大视界》，并为其撰稿，义务宣传名城遵义的好人好事，用笔杆子传递正能量。

2013 年，禹登容加入到遵义市义工联合会，创刊编辑《遵义义工》杂志，并担任“遵义义工”微信公众号的审核工作。用网络平台开展扶贫、环保、禁毒等志愿服务活动的宣传。

为了帮助更多需要帮助的人，她还参与创建了“贵州省善道公益基金会”。

此后的日子里，无论是凌晨护送先心病患儿到北京接受免费治疗活动，还是顶暴雨、涉塌方、跨激流，运送捐赠物资到大山深处的助学行动，年过六旬的禹登容都是坚定的组织者和参与者。年仅 10 岁就失去双亲的杨军军，她一对一资助了 7 年。从禹登容身上，我们看到了代代相传的雷锋精神。

立足平台守初心，奋进青春践使命

2019 年，学院继续在强化青年大学生使命担当上下功夫，为学生拓通道、建舞台。扶贫扶志方面，感动中国 2018 年度人物、钧业六班校外班导师张渠伟，校扶贫干部王雷、喻文浩与师生共话脱贫攻坚；成都中储粮储备有限公司与学院师生开展主题教育实践活动，成都中储粮储备有限公司党支部书记曹让刚担任学院校外辅导员，创新支部共建新模式；坚持“马兰花计划”，何逸文校友从选调生的岗位上以突破自我为主题，激励青年大学生扎根基层绽放青春。

一、扶贫在路上

1. 张渠伟：贫困不是理由，幸福来自奋斗

“贫困我们无法选择，但贫困不是放弃梦想的理由，我以个人的切身体会，与大家分享三个观点：首先梦想决定理想信念，其次信念决定奋斗方向，最后方向决定事业成败。”达州市渠县扶贫开发局局长，感动中国 2018 年度人物，2018 年“全国脱贫攻坚贡献奖”获得者张渠伟做客电子学院钧业讲坛，结合自身工作经历给同学们带来一场主题为“贫困不是理由，幸福来自奋斗”的精彩讲座。

电子科大的学科和专业是实现科技强国的重要支撑，张渠伟勉励成电学子一定要努力学好知识，科技报国，为实现国家富强和中国梦贡献力量。

2. “织翼”暑期社会实践队：扶贫攻坚，我们在路上

2019 年 7 月 29 日—8 月 14 日，电子科学与工程学院“织翼”暑期社会实践队来到电子科技大学定点扶贫帮扶村四川省康定市甲根坝乡亚弄村和扎日村开展了暑期支教活动，并在甲根坝乡的亚弄村开展中药种植基地的情况调研以及“推普脱贫”等项目。

3. 枝叶暑期社会实践队：红色遵义，筑梦桐梓

2019 年暑假，电子科学与工程学院“青年红色筑梦”专项实践队——枝叶暑期社会实践队动身前往贵州省遵义市，开启了为期 10 天的红色筑梦之旅，学习坚忍不拔、自强不息、勇往直前的长征精神。枝叶暑期社会实践队和遵义市义工联合会成员一同来到了娄山关，在西风台与娄山关大捷纪念馆进行参观学习，感悟长征精神。在遵义市桐梓县蟠龙社区、柏果树社区两个异地扶贫搬迁集中安置点，枝叶暑期社会实践队进行了科普教育以及调研活动。

4. “星火”暑期社会实践队在渠县：使命七十年

当前，渠县政府正在全县开展返贫排查工作来巩固提升脱贫攻坚成果。在渠县扶贫开发局的带领下，电子学院“星火”暑期社会实践队来到了渠江镇山星村和鞍山社区协助进行“两不愁，三保障”回头看大排查工作，随当地基层干部进行扶贫调研和服务工作。

二、走进大国粮仓，勇担时代重任

2019 年 5 月 7 日，为响应国务院国资委党委办公厅、教育部办公厅组织开展“领导干部上讲台”——国企公开课、骨干担任校外辅导员活动的统一号召，我校作为全国首批 50 所与中央企业结对高校之一，与中储粮集团开展“领导干部上讲台”——国企公开课、骨干担任校外辅导员对接见面活动。成都中储粮储备有限公司党支部书记曹让刚担任电子科学与工程学院（示范性微电子学院）的校外辅导员。

1. 开展“我和我的祖国 • 重走长征路”校企结对主题党日活动

2019 年 7 月 5 日，电子科学与工程学院（示范性微电子学院）各本科生党支部代表，与成都中储粮储备有限公司党员代表一同前往泸定桥开展“我和我的祖国 • 重走长征路”校企结对主题党日活动，追忆革命历史，缅怀革命先烈。

2. 电子学院“钧业班”赴成都中储粮进行暑期实习挂职

2019年8月14日，电子学院“钧业班”实习代表来到中储粮青白江仓储服务分公司进行了为期10天的挂职实习。成都中储粮储备有限公司党支部书记曹让刚作为学院校外辅导员带领学生参观库区，细心讲解库区的情况，针对新型的储粮技术进行了介绍；指导学生对工作、学习和生活各个方面进行合理的规划；安排专人负责挂职学生管理，让同学们积极参与9月份中储粮集团公司的媒体开放日活动的总策划，了解企业活动流程和管理规范，协助撰写活动策划。

3. 学院与成都中储粮有限公司开展大学生社会实践基地挂牌暨主题教育实践活动

2019年11月26日，电子学院校外辅导员、成都中储粮储备有限公司党支部书记曹让刚，成都中储粮储备有限公司副总经理陈继梅、肖洪忠，电子学院党委副书记徐岩及学院辅导员代表一同进行大学生社会实践基地签约及揭牌仪式。下午，学院师生代表与中储粮一行参观了黄继光纪念馆和四川中江国家粮食储备库，走进革命历史、走进国情社情，帮助同学们明确青年学生的时代使命和责任担当。

三、“马兰花计划”

电子学院开展“马兰花计划”之基层就业校友母校行活动

多年来，电子科技大学毕业生形成了到国防重点单位和基层建功立业的优良传统。“马兰花计划”就是以服务国家国防建设企事业单位人才需求，以国家及地方基层就业项目（含选调生）为依托，以学生就业为主渠道，引导毕业生扎根基层、扎根国防事业，不断向社会主义事业最需要的地方输送高素质建设者和接班人。

何逸文校友于2019年硕士毕业后入选四川省委组织部紧缺专业选调生计划，现就职于四川天府新区成都管委会科创和新经济局，从事新经济领域产业招商工作。2019年9月25日下午，何逸文做客“‘马兰花计划’之基层就业校友母校行活动”，以“‘不忘初心、牢记使命’，在选调生的岗位上突破自我”为题，与学弟学妹们分享基层就业经历和感悟。

他说 这就是我心中的超级英雄

凉山的火灾刚刚扑灭，30 名救火队员却已经离开了人间，他们俨然是人们心中的英雄。哪有什么岁月静好，不过是有人为你负重前行。其实，除了人人皆知的他们，我们每个人都有自己的超级英雄。不知道在各位小伙伴的眼中，谁是你的超级英雄？

一千个读者有一千个哈姆雷特，而每个人对超级英雄的定义都不太一样，让我们先看看他们是怎么说的吧～

钟同学

我心中的英雄是周恩来总理。

第一，成电在他的亲自部署下成立；

第二，他没有自己的亲生子女，却把新生的国家当成子女殚精竭虑，奉献终生；

第三，他处处以国家利益为重，带病工作而成绩斐然，居高位而生活朴素；

第四，……

庄同学

乔布斯是我心目中的英雄，因为我对英雄的定义是敢为天下先。准确来说就是勇敢去开拓人类各方面的新领域。

乔布斯

可能在手机制造等相关领域里技术比他先进的人有很多，但是他的创造力和开拓性肯定是首屈一指的，正是他奠定了现代智能手机的基石。

每一个伟大的人物都有值得我们学习的地方，都是我们前进的榜样，他们和在凉山火灾中英勇牺牲的消防员一样永垂不朽！

当然，我们内心的超级英雄也可以是一些现实生活中的平凡而伟大的人，比如我们的父母。

孙同学

我对英雄的理解，往小处讲，就是为了我什么苦都能吃，什么事情都想着我，我遇到困难、受到伤害的时候，第一个出现的就是他，我的父亲。往大处讲，就是这个人肯用自己个人的利益挽救与自己相干甚至是不相干的其他人的利益，危难关头挺身而出，救人于水火中。

中国动画短片《冲破天际》

邓同学

我第一时间想到的就是我爸。因为我一直以来都有点自卑，每次和他谈到一些事情，他第一句话就是“我相信你”，会让我觉得很安心。而且高三后半段是我情绪处在最低谷的时候，可能是因为压力太大，经常凌晨两三点才睡着。有时就会突然打电话给他，向他倾诉烦恼。虽然第二天一大早他还要上班，但是他每次都很耐心地安慰我，有一次甚至到凌晨四点。不管我跟他倾吐什么问题，他的回答总会让我一下子就安心下来。

中国动画短片《冲破天际》

康同学

看到这个问题的时候，我正听着“Family of the Year”的“Hero”，我脑中的第一反应是远在 1700 千米外的父母。我听着歌词发愣：I don't wanna be your hero, just wanna fight with everyone else.

“我不想当你的英雄，只想当个普通人过好这一生。”是啊，妈妈当年也是受祖辈万千宠爱的小仙女，爸爸曾经也是一腔热血的从军少年。他们哪里能够一下子学会去照顾一个闯入他们生活的小生命呢？虽然他们也曾经手忙脚乱，也曾经崩溃无助，可他们用逝去的芳华，换取了下一代人的璀璨人生。他们是我的超级英雄，他们并不完美，可却是我的全世界。

史同学

谁是我的超级英雄？相信大家第一眼看到这个词，脑子里都会想到那些只存在于电影里的英雄。

中国动画短片《冲破天际》

可是仔细想想，真正属于自己的超级英雄还是父母吧。

虽然他们散发的光芒不会像超级英雄一样那么闪耀，却足以温暖你的人生。从小就是，现在依旧是。小时候在你哭喊时，他们会最先出现在你身边。现在，不管你离家多远，有他们的地方就是你避风的港湾。他们会对你有所期盼，却又支持你以你想的方式过自己想要的生活。他们在离你或近或远的地方，勤勤恳恳地支持你。

当然，也希望每个在外追梦的你我，都记得时不时打个电话向他们问好，因为你也会成为他们的超级英雄，别让他们为你操太多心！

然而
对于英雄的定义
有些人有着不同的想法……

余同学

超级英雄本质上是人们希望不美好事物被解决。
以个人的形象出现，却被寄托了我们很多的美好想象。

刘同学

我崇拜的超级英雄目前没有，原因可能是我见过的超级英雄都是在动画片或者电影里，观赏这些影片的时候我主要注意的是炫酷的画面而非其中的超级英雄，我不太认同个人英雄主义，毕竟超级英雄在现实中少之又少。每个普通人的能力都是有限的，集体才能发挥最大的作用。

我认为，虽然这个世界上没有超级英雄，但还是有很多英雄的，他们并非是能力超群，却弘扬了社会正能量，我觉得这样的英雄更值得我们去学习。

看了这些小伙伴的言论，亲爱的你有没有发现自己的超级英雄呢？或有没有那种做别人超级英雄的想法？每个人都可以找到自己的超级英雄，每个人都可能成为别人的超级英雄。

superhero

UESTC

Chapter 4

育·良才

……

电子功能薄膜与器件团队：

坚持探索“科研育人”

立德树人是教育的根本任务，只有坚持立德树人的核心地位不动摇，才能做好学生的引路人，全面提高人才培养质量，为中国特色社会主义事业培养德智体美劳全面发展的建设者和接班人。电子功能薄膜与器件团队在张万里教授的带领下，坚持全员、全程、全方位育人的理念，以学校“三个面向”为目标，潜心探索一条“科研育人”的立德树人之路。

科研平台＋团队建设，为学生提供科研保障

团队以电子薄膜与集成器件国家重点实验室为依托，目前承担包括国家重点研发计划、自然科学基金重点项目等纵向和横向科研项目 40 余项，为学生提高科研技能提供了全方位的科研平台。团队现有 25 名博士、

硕士研究生导师，有院士、百千万人才工程入选者、优青等一批国字号人才队伍，为学生成长成才提供了优质师资力量。

为了帮助低年级学生尽快融入团队，团队安排优秀的高年级学长学姐，以“朋辈导师”身份进行一对一引导，定期开展团队内部的学术报告和交流。团队导师还开设了17门本科教学课程，每年有30余名在校本科生在团队的指导下完成毕业设计，这个团队培养了很多优秀的本科毕业生。作为团队成员，2018年度成电杰出学生杜新川在《德国应用化学》发表题为《无机纳米材料的电子结构调节》的综述论文，这是我校本科生首次作为第一作者、学校作为第一作者单位在该刊发表研究成果。

针对高年级学生，以团队的青年教师为主体，带领学生分课题组承担各类国家重大重点项目，以项目实战锻炼提升学生做真科研的能力，进一步激发他们自主学习的能力。目前，团队有88名研究生（硕士生70人，博士生18人）参与国家重大重点项目研究。2018年，团队学生与指导老师一起先后发表了70篇SCI论文，其中包括27篇1区论文，11篇ESI高被引论文，1篇电子学会优秀博士论文。

科研文化+支部建设，树立学生科研报国之志

“三全育人”的出发点是培养人，就是要培养拥护中国共产党的领导、立志为中国特色社会主义事业奋斗终生的有用人才。因此，学生的思想文化教育尤为重要。思想的深度决定了学生未来成长的高度。团队老师非常重视对每个学生的思想引领工作，每个刚进入教研室的学生，都会进行团队科研精神的学习，让学生从一开始就沉浸在“做真科研、做真贡献”的团队氛围之中，树立“科研报国、勇创先锋”之志。

团队以学生党支部为基础，按课题组划分党小组，保证每个学生群体都有党组织覆盖，都有优秀的学生党员发挥模范带头作用。大家积极开展各类学习交流活动，扎实做好“两学一做”，扩大思想引领有效覆盖面，涌现出了罗佳瑞等优秀学生党员。

同时，在李言荣院士的示范带动下，团队老师言传身教，经常与学生开展谈心谈话，组织线下师生交流活动，分享自己科学研究的感悟和体会，结合“中兴事件”“华为事件”等时事热点，向学生分析介绍重点实验室和团队科研成果对国家、社会发展的重要意义和价值，从而进一步激发学生的爱国主义情怀。

科研思政＋能力培养，科学助力学生综合成长

团队尊重每一个学生的成长发展，针对每位同学的不同情况，导师们都会悉心指导、因材施教，鼓励同学们在科研之余，积极参加学校、学院学生活动，在众多学生活动中提高他们的沟通能力、协作能力与领导力等综合素养。

团队博士研究生赵睿鹏对李言荣院士的言传身教印象深刻，他说：“李老师经常告诉我们，作为学生应该始终保持高度的专注，把自己有限的时间、精力和智慧都聚焦到一个目标上，努力把一件事情做到极致，把一件事情做好、做成功。在李老师的指导和要求下，我在超导带材研究方面取得了不错的成果。”

团队博士研究生刘竞博同学在谈到自己的导师张万里教授时说，“在团队工作汇报时，他经常教导我们，坚信自己所选择的路，只要选择了，不管有多难、多艰辛，一定要坚持不懈地走下去。”

团队学生黄建文同学表示，“现在的科研已不是闭门造车，为了开阔学生的眼界，熊杰老师积极创造条件，通过合作研究，让我培养起对纳米科学与二维材料的浓厚兴趣，并取得很好的成果。”

磁电薄膜与微型器件研究室：
砥志研思，师生携手共科研

磁电薄膜与微型器件团队是由张怀武教授领衔的一支创新型科研团队，历经岁月磨砺，如今已经成长为一支包容并兼、充满朝气、严谨治学的优秀集体。团队在创新科研的道路上勠力同心、攻坚克难，取得了优异的成绩。多年来，团队成员不断进取，在学术研究、团队建设、国际交流和创新活动方面成绩斐然，展现出了队伍的优秀实力。

团队以国家“973”首席科学家、国家自然基金委创新群体带头人张怀武教授为核心，秉承“科研为国家，教育为学生的理念”，重视成员个人能力的提升和团队整体素质的培养，在信息薄膜领域、LTCC大集成以及集成器件等方向不断砥砺前行。用成绩展现实力，用能力奠定未来。

聚焦发展引吭高歌，团队协作欣欣向荣

良好的氛围对一个团队的发展至关重要。对于磁电薄膜与微型器件团队而言，“朝气蓬勃”四个字就是团队的日常写照。近年来，课题组不断发展壮大，既吸引了一大批优秀教师的加入，同时也培养了一批又一批能力出众、成绩优异的学生。目前，团队中有专任教师人24人，其中正教授16人，副教授6人，讲师2人。在团队浓厚的科研氛围、丰富的人文活动的熏陶下，学生各方面能力都得到了显著提升，多名学生斩获国家奖学金及唐立新奖学金，数十人获得前往美国、德国等国家继续深造的机会。与此同时，团队拥有电子薄膜与集成器件国家级重点实验室，在信息功能器件与LTCC集成技术、功率型微波毫米波集成器件技术、自旋电子器件与集成微芯片以及太赫兹功能器件与通信系统等领域进行着不断地深入研究。近5年来，课题组在*Nature Communications*, *Nano Energy*, *Advanced Functional Materials*, *Applied Physics Letters* 等国际著名期刊发表SCI论文超过200篇，年均40篇以上。申请专利150余项，授权专利50余项。这些成绩都是与团队导师以身作则，并努力为每一位学生创造良好的科研学习氛围分不开的。

团队师资力量

衣钵相传同舟共济，良师益友笙磬同音

“单丝不成线，独木不成林。”在学术研究的道路上一个人的力量如孤舟泛海，个人的发展需要导师的指引和同学的帮助。在团队中，无论是不同年级之间，还是不同老师的学生之间，或者是硕士和博士之间，大家都能畅所欲言，不仅讨论学术问题，还分享着彼此的生活。对于所有人来讲，这里是一个大家庭。学术研究常常会有不同方向之间的相互交叉和融合，需要所有成员的集思广益，甚至每一步都需要共同商榷探讨，这时导师和同学们之间的指导和帮助就显得尤为重要。在这个团队中的每个人都明白“术业有专攻”的道理，也懂得“志同道合”四个字的难能可贵，所以彼此都非常珍惜一起交流与钻研的机会。此外，大团队每月都会举办学生组会，每个项目小组每周进行学生例会，而且每学期末还会有团队期末总结大会。团队也会不定期举行集体文化活动和学术交流活动，成员们的关系融洽而亲密，科研学术氛围浓厚而不刻板。

团队学术交流活动

学生时代对每个人而言都影响深远，意义非凡。在人生转折的路口，每一个人既经历着选择，也满怀着焦虑和不安。彼此期望学有所成，却同时也害怕失败。但是，每当遇到挫折时，导师们耐心细致的指导总是能够让所有人重整旗鼓。每一个难关的攻克，每一次跌倒后的振作都凝聚着导师和同学的汗水。每当面对实验未知的结果和可能到来的失败心怀胆怯时，张怀武教授常常说：“大胆去做，不要害怕失败，失败了重新再做就行。”也正是张怀武教授的谆谆教诲，让他们在科研道路上无畏前进时有了坚实的后盾和宽大的臂膀，让他们在失败后能重拾信心。

正所谓“桃李不言，下自成蹊”。在张怀武教授的影响下，团队的每一位老师都以身作则，引导学生们踏踏实实做科研、认认真真搞学问，鼓励学生积极参加学术交流，不断进行科技创新。他们对于学生而言既是良师，也是益友，更是团队学生不断前行的榜样。同时在生活中，导师们也时刻关怀着学生的发展与成长，给予鼓励和支持。这些辛勤的老师正是整个团队坚实有力的保护伞和引路灯。

学术研究星汉灿烂，放眼世界上下求索

学术研究非一日之功，对于团队而言只有不断提升才能为更多的学生开辟知识的角逐场，就如同杜甫登顶泰山时发出的感叹——“会当凌绝顶，一览众山小”。科研亦是如此，只有拥有更高更广阔的视野，才能与日俱进，不断创新。在科技日益发展的重要时刻，唯有打造更好的平台才能“看得更远”，才能够真正地深入到最前沿的领域。正因如此，在张怀武教授和各位导师的努力下，团队源源不断地为学生们提供“开

团队博士生在美国联合培养

David Hui 被聘请为我校荣誉教授

眼看世界”的资源与机会。近年来，团队经常邀请国际本领域的大师和知名教授来校给学生做学术交流，依托“111 引智基地”和科技部“通信晶体材料”国际合作基地，先后邀请香港科技大学、国家特聘专家王向荣教授到课题组工作，聘请国际纳米材料大师 David Hui 担任我校名誉教授，邀请美国东北大学教授 Vincent Harris、特拉华大学 John Xiao、乌克兰国家晶体材料研究所 Ihor 研究员到课题组指导研究生。同时，也有更多的学生走出国门，参加国际顶级会议，得到联合培养学习的机会。到目前为止，已有数十位博士生先后到英国剑桥大学、美国东北大学、美国加州大学、美国奥斯丁大学、南洋理工大学等世界知名学府进行进一步的学习和研究。

在浓厚的科研氛围的熏陶下，团队培养出了很多专业基础扎实、具有创新思维和国际化视野的优秀拔尖人才。许多毕业生在德州仪器、MPS、华为、中电集团、中航工业集团等国内外知名企业就职，部分优秀博士生进入国内“双一流”高校从事科研工作，创新创业的学生发展势头良好，整个团队所培养的学生受到了业内的广泛好评。

师生一心风雨同舟，努力拼搏不负韶华。磁电薄膜与微型器件团队在校园中开辟一方科研净土让更多的学生融入学习交流的浪潮，在竞争激烈的市场脉络中为学生们创造良好的发展机会，在日新月异的科技领域为学生们争取更为广阔的平台，让更多的学生从这里走向行业顶端、走向世界！

课题组学生走出国门，参加国际顶级会议

功率集成技术实验室：
育人成才，在功率半导体的浪潮之巅

有这样一支团队，他们埋首科研，在功率半导体领域攻坚数十年，满载荣誉；他们潜心育人，累计培养博士生 54 人，硕士生 700 余人，在功率半导体的浪潮之巅为我国的微电子事业输送中坚力量。它就是电子科技大学“功率集成技术实验室”的科研团队。团队在负责人张波教授的带领下，夯实基础、聚焦创新、砥砺前行，不断取得优异的成绩。

团队自成立以来，在功率半导体技术领域取得了显著的科研成果，牵头并荣获国家科技进步二等奖、四川省科技进步一等奖、教育部自然科学二等奖等，共获得省部级以上科研奖励 13 项。发表 SCI 收录论文 300 余篇（电子器件领域顶级刊物 *IEEE EDL* 和 *IEEE T-ED* 上发表 80 余篇），申请国际和中国专利 1200 余件，获中国发明专利授权 615 项、美国专利授权 23 项。牵头或参研 10 余项国家科技重大专项、6 项国家重点研发计划项目，在研国家自然科学基金项目 16 项；产学研合作成果尤其显著，与企业合作研发出 20 余套工艺和 100 余种产品，部分产品打破国外垄断、实现批量生产，产生直接经济效益超过 100 亿元。实验室近 5 年到校科研经费超过 1 亿元。

张波教授领取国家科学技术奖励

学术人文并重 塑造全面人才

团队老师们全身心投入教书育人、科研强国中，具有强烈的育人使命感。团队在不断提升个人能力的同时，注重团队建设、注重学生的培养与成才教育。团队中，导师以身作则，引导学生踏踏实实做学问、认认真真搞科研。张波教授是“国家有突出贡献的中青年专家”，获教育部青年教师奖，入选四川省“天府万人计划”中“天府创新领军人才项目”；罗小蓉教授获“四川省有突出贡献的优秀专家”称号；陈万军教授、乔明教授等入选“四川省学术和技术带头人后备人选”；李泽宏教授、罗萍教授、周琦研究员等获“中国电子学会优秀科技工作者”荣誉称号。团队积极加强国际合作，导师不仅注重保持自己的国际化视野，而且鼓励学生参加学术交流，除参加国内举办的国际会议，还组织学生出国参加国际会议，仅 2018 年就发表国际会议论文 49 篇，其中在功率半导体领域顶级国际学术会议 ISPSD 上发表论文 9 篇，以团队之力，蝉联 ISPSD 大会单位发表论文数第一的嘉誉。除了重视科研创新，团队的每一位老师都非常关注学生的思想状况。导师们经常会不定期地与学生进行

实验室师生参加羽毛球赛

实验室月例会

实验室趣味运动会

思想交流。在团队的学生月例会上，导师点评学生的思想状态，营造团队积极向上的氛围，为团队输送正能量。平时每个项目小组有学生周例会、每年年末有团队年度总结及表彰大会，鼓励先进并弘扬实验室文化。团队还通过开展丰富多彩的文体活动，如年度篮球赛、趣味运动会等，增强团队意识。

在团队浓厚的科研氛围、丰富的人文活动的熏陶下，学生各方面能力都得到了全面提升，涌现出一大批优秀学生。章文通博士的学位论文获“2018年度中国电子学会优秀博士论文”，魏杰博士入选2019年博士后创新人才支持计划，团队博士生连续5年获IEEE成都分会“最佳学生论文”（IEEE CDS EXCELLENT Student Paper），2013—2019年每届均有2~3位同学的学位论文获“校优秀硕士学位论文”，多位同学获省优、校优毕业生荣誉称号。凭借扎实的基础、接地气的科研和前沿的学术研究，团队学生在各类比赛中成绩斐然，2017年获全国大学生集成电路设计•应用创新大赛全国特等奖、Synopsys国际微电子奥林匹亚竞赛一等奖；2018年获首届中国研究生创“芯”大赛特等奖、全国大学生集成电路创新创业大赛特等奖；2019年获中国研究生创“芯”大赛一等奖、全国大学生集成电路创新创业大赛一等奖（最高奖）等多项竞赛大奖。并且团队所培养的学生受到业内广泛好评。

交流互动便捷 营造和谐氛围

导师和学生是研究生教育过程中最重要、最活跃的两个基本要素，两者的关系贯穿于研究生教育过程的始终，影响着研究生教育的成效。为加强团队研究生和老师之间的日常交流，定期举行例会、组会，给老师和学生搭建一个和谐沟通交流的平台，既能培养学生的能力，又让老师对团队的每一个同学有更加清楚的了解。有团队引导，有自我学习，有相互帮助，有对外交流，就会让每一个学生的发展更加全面。

团队不仅注重科学研究，还重视学生在人文活动方面的平衡发展。“大家有任何的问题，不管是学术上、生理上还是心理上，都可以说出来，说给老师们。任何问题我们都会想办法去帮大家解决，和大家共同面对！”张波教授在团队每届新生入学会上的话时时激荡在耳边。他不仅这样说了，他所在的实验室也这样做了。每年实验室都支持各种学生活动，只要是对学生真正有益的，老师们都支持学生去尝试。毕竟科研与身心健康相辅相成。团队可以为了科研鏖战到天明，但是也应懂得在科研和生活中去寻找一个平衡点。团队的篮球赛和趣味运动会，不仅仅是同学们体育技艺的比拼，更是团队内部文化酝酿与交融的温床。没有什么可以比体育更让大家凝聚在一起的方式了。暂时抛下往日的科研，大家在场上场下发光发热，迸发出的不仅仅是力量、速度和汗水，更是我们对于生命的认识。一年最重要的年终大会，不仅是对一年工作的回顾与总结，更是所有同学洋溢自己才华与激情的上佳时刻。所有人都会参与的各种才艺表演，更拉近了人与人的距离。

近年来，在张波教授的带领下，功率集成技术实验室在团队建设、导学关系、综合素质等方面取得了丰硕成果。这一方面依赖于老师和同学共同的努力与拼搏，也得益于实验室自创始以来的深厚科研学习文化、人文关怀氛围和体育拼搏精神的浸润。

传承帮扶有序 打造卓越团队

实验室的新生从来不用担心入学后会出现一段迷茫期。实验室学生回忆道："仍记得入学报到后张波教授和李肇基教授对所有新生骄傲、自豪地诉说实验室的辉煌历史，一段段拼搏的历史、奋斗的历史、荣誉的历史，使得初入实验室的新生不知不觉产生强烈的认同感、归属感和使命感。"实验室很早就形成了"传一帮一带"的科研传统。这个成熟的传承方式，能够帮助新生快速地融入团队、进入状态，使新生迅速成长；老生通过带师弟师妹，也能了解自己的缺点和不足，进而改进和完善自己，提升自己的综合素质。另外，实验室拥有很多经验丰富、年轻有为的教授团队，他们在功率半导体领域颇有建树，成果满满，这给同学们提供了坚实的后盾和强大的支撑；而且团队还拥有一流的科研平台，能够为学生的成长提供施展才华的广阔空间。

章文通博士有较强的独立科研能力。在研究中，他善于思考，是团队重点培养对象。依托团队老中青结合的梯队指导模式，他的学术水平得到很大提升。在电子器件领域的顶级国际期刊 *IEEE Transaction on Electron Devices* 上，章文通连续发表 3 篇超结器件的研究论文，其中关于纵向场板 VFP 器件成果发表于 *IEEE TED 2014* 并被评为 IEEE CDS 2014，Excellent Student Paper。章文通博士的本、硕、博均由电子科技大学培养，这位本校培养的博士 2017 年留校任教，2019 年被学校破格聘为副教授，是实验室人才培养的一个典型代表。团队拥有一大批朝气蓬勃、踏实勤劳的硕士博士研究生，他们是团队建设的中坚力量。经过团队中每一个人的不懈努力，团队已经成长为一个"分量十足"的科研团队，被业界誉为"全球功率半导体领域最大的学术研发团队""培养功率半导体人才最多的学术团队"。团队的巨大进步，也吸引了众多优秀学子加入该团队，每年团队的新生入学数量和质量均居学院前列。团队建设进入积极向上的"正循环"。

PITEL，一个优秀而低调的团队，他们站在科技的浪潮之巅，追逐着梦想，也紧扣着时代的脉搏。他们要做的，绝不仅仅是优秀，而是秉承团队所属电子薄膜与集成器件国家重点实验室"追求卓越"的精神，不断超越自我，迈向新的高峰。

半导体，中美贸易争端的核心领域；中国芯，见证祖国 70 年风雨征程的伟大复兴。功率集成技术实验室一路走来，聚焦功率半导体，为中国芯的蓬勃发展育人才、研产品、拓理论，以昂扬的姿态登上国际舞台，获得来自世界的掌声。

实验室教师与 2019 届毕业生合影

电磁辐射与散射科研团队：育才育人、务实创新，我们一直在路上

三十年砥砺前行，三十年不忘初心，三十年蓬勃发展……作为国家首批重点学科科研团队，电磁辐射与散射科研团队始终坚持“攻坚创新、治学育人”的教育理念，雄厚的知识积淀、浓郁的学术氛围、融洽的师生关系以及层出不穷的标志性科研成果使团队所在之地成为学术宝地。桃李满天下，春晖遍四方，育才育人，务实创新，我们一直在路上！

三十功名尘与土，八千里路云和月

我校电子科学与工程学院的电磁辐射与散射科研团队隶属于国家首批重点学科“电磁场与微波技术”，是该学科中最大的科研团队与核心组成。该团队由 IEEE Fellow 聂在平教授创立于 1989 年。团队长期专注于目标电磁散射特性分析、瞬态电磁辐射及电磁探测、新概念天线理论与应用、非均匀介质中的场与波及其工程应用等领域的研究，取得了一大批标志性研究成果，也为国家培养了一大批电磁领域的专家、学者。

电磁辐射与散射科研团队在电磁辐射、电磁散射等研究领域形成了鲜明的学术特色与优势，得到国内外同行的公认，在国际上具有重要影响。电磁辐射与散射科研团队获我校 2016 年度“研究生优秀导学团队奖”。

团队老师先后承担了包括面上、重点、重大仪器专项，创新群体等多类国家自然科学基金项目，并指导研究生以第一作者发表 IEEE Transactions 论文 18 篇、IEEE Letters 论文 16 篇、Scientific Reports 论文 2 篇，各类学术会议最佳论文获奖 8 次（分别由杨仕文教授、孙胜教授、陈益凯教授、屈世伟教授、何十全副教授等指导），倪东博士、李鹏发博士等多位同学多次获得中国电科特等奖学金、华为奖学金等企业专项奖学金。团队研究生共申报国家发明专利 10 余项，发表学术期刊论文 500 篇以上，显著提高团队研究生学术创新能力，让追求卓越在团队研究生群体中成为一种传统、一种习惯。在学术著作方面，1997 年出版《复杂系统中的电磁波（合著）》，获“第三届国家图书奖”；2002 年出版《天线工程手册》；2009 年出版《目标电磁特性：原理、方法和应用》。在团队学生中，陈益凯博士获“2013 全国百篇优秀博士学位论文获得者”，被评为“电子科技大学 2014 年度校园十大人物”；黄明博士获首届教育部学术新人奖，四川省劳模称号，Intel、RS、唐立新等其他专项奖学金多项；朱全江博士获教育部学术新人奖、四川省优秀毕业生、Intel Fellowship；包增娣硕士获 APCAP 2012 学生论文奖；严溯博士获 2011 年国际应用计算电磁学年会最佳学生论文奖；于伟硕士在 IEEE Antennas Propagat. Magaz. 上发表封面论文；苟俨山硕士生获富通企业奖学金，发表 IEEE TAP 论文 2 篇；易欢博士生获国际天线与传播会议（ISAP2014）最佳学生论文奖；倪东博士获中国电科—电子科大特等奖学金、2017 全国微波毫米波会议优秀论文奖。团队老师在繁忙的科研任务和行政工作之余，每周都与学生召开学术讨论会，多渠道在团队研究生群体中营造崇尚学术、追求真理的浓厚学术氛围，为团队学生更好更快成长、成就学术辉煌营造了良好的科研环境。

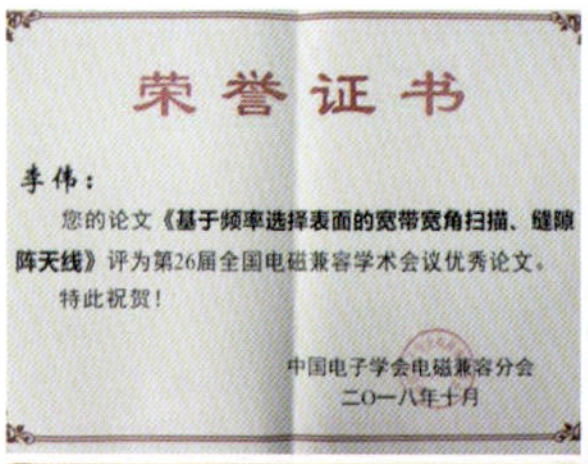

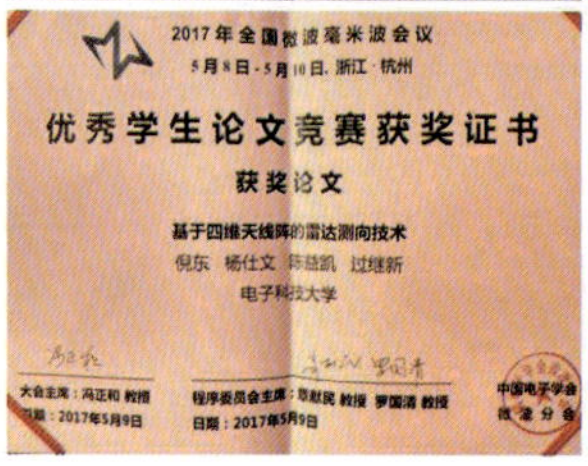

饮其流者怀其源，学其成时念吾师

“路漫漫其修远兮，吾将上下而求索。”刚进入教研室的同学们都怀着美好的愿望和憧憬，对学术研究抱有极大好奇心和探索心，对研究生生活充满期待。团队的老师们此时扮演了学术领路人的角色。

“搞科研，要脚踏实地，不能只顾着追热点。”“态度要端正，要一丝不苟地分析问题。”“有想法就要大胆尝试，不要害怕失败，多总结原因。”……这些都是团队老师们经常挂在嘴边上的话语。刚接触科研，大家心气都很高，很想快速做出东西、获得成果，但是往往事与愿违。于是老师们就会开导大家切忌炒热点，要脚踏实地、认认真真地从基础开始学起；科研中，有些同学不免要些小聪明，想投机取巧碰出好的结果，却忽略了问题本质，这时老师们就会严厉纠正，教导他们科研的态度会决定成果的质量；有些同学有好的想法却因害怕失败而不敢尝试，这时老师们就会及时给予鼓励和支持，不能因为害怕失败而放弃创新点。正是这些点点滴滴的话语，也正是这许许多多小事中的细节，让团队学生养成了良好的科研习惯，培养了正确的学术态度，从而为取得丰硕学术成果打下了坚实的基础。

对于理工科学生而言，光有出色的成果还不够，还得要学会展现自己，此时老师们就扮演听众的角色。每周一次的组会，是同学们汇报工作和展现自己成果的时候。导师们利用这个机会，对学生的科研工作进行指导，并引导学生展现自我，培养表达能力。正是平时组会上的锻炼，让学生在国际会议的报告厅里才有了充足的底气。团队中每一位学生都能获得团队资助，去参加学术界顶尖的国际会议。团队中多名学生获得各类会议奖，其中李伟获第26届全国电磁兼容学术会议优秀论文奖；黎皓天获得2018年应用计算电磁学会议（ACES2018）最佳学生论文奖、2019年应用计算电磁学（ACES2019）会议荣誉奖，可谓收获颇丰。通过参会，大家增长了见识，拓宽了国际化视野。老师们的良苦用心，让大家受益匪浅。

同舟共济扬帆起，乘风破浪万里航

团队师生齐心致力于培育和打造“和谐平等、友爱互助”的团队文化，师兄师姐、师弟师妹们相互帮助。一方面，对于刚进入实验室的师弟师妹们，高年级师兄师姐们会主动帮助他们尽快进入科研状态、融入环境，同时在科研时提醒他们注意一些共性、易出现的科研问题。另一方面，由于做实验时经常需要大量人手帮忙在微波暗室架设天线，师弟师妹们也会主动请缨，在此过程中学习到一些测量天线必备的知识和技巧，这样就形成了完整的“传—帮—带”模式，维持着实验室高效运转。另外，团队会每周举行“学术分享交流会”等，每次会议会有4~5名同学汇报其近期的研究成果，老师和其他同学会给出意见和建议，师生就学术方面的问题群策群力，一起学习进步，开阔视野。

“身体是革命的本钱。”团队在注重科研氛围建设的同时，也时刻关注人文环境建设。团队积极开展各项有益身心的团队活动，在保证学生的身心健康也促进了不同实验室之间的交流。“平时还是要多去锻炼，跑跑步，打打球，别一天就坐着。”这是学生经常可以听到的老师对大家说的一句话。团队定期举办羽毛球友谊赛、踏青等户外活动，达到增强团队成员的身体素质以及增进成员间的感情和团队合作能力的目的。

老师们经常私下找学生谈心，除了解科研进度外，还关心学生的思想状况，有无忧虑，等等，并及时开导学生。团队定期的聚餐活动，也增进了老师与学生之间的情谊，提高了团队意识。

正是在这样一个健康良好向上的氛围中，老师与学生都获得了提升，涌现出一大批优秀师生。教研室的正能量越来越多，团队发展前景也越来越好。

雄关漫道真如铁，而今迈步从头越

回头望，三十年风霜雨雪，他们在电磁领域的浩瀚海洋中扬帆破浪，开辟出一条宽广悠长的崭新航路；向前行，多少颗赤诚之心，他们在科学真理的无尽星空中撷取星辰，描绘出一幅熠熠闪耀的璀璨星图。雄关漫道真如铁，科研之路本不轻松，唯有一路汗水一路艰辛，才能浇出那来之不易的荣誉之花而今迈步从头越，往昔辉煌云烟过眼，唯有脚踏实地勇往直前，才能铸造更为坚固的“电磁长城”。电磁辐射与散射人从不惧挑战，从不畏辛劳，为的就是登上国际舞台，以前所未有的“功率”与“频段”向世界发声，为中国的崛起献出自己的一份“增益”！

微波能应用与微波等离子体研究课题组：活泼努力，真抓实干

不久之前，电子科技大学电子科学与工程学院物理电子系师生研发的“新型可手持等离子体射流源”被新华社报道。那么，攻克该难题的有哪些老师和学生？这又是怎样一个“神仙”团队呢？跟着“E 事君”，让我们一起走进这个活泼努力、真抓实干的团队吧！

01 课题组名片

微波能应用与微波等离子体研究课题组是依托电子科技大学—美的集团微波能应用联合实验室而组成的研究课题组，由蒙林（教授）、曾葆青（教授）、傅文杰（副教授）、殷勇（教授）等七名教师组成。课题组成员注重学术前沿与科研成果应用相结合，在发表高水平学术论文的同时，还重视科研成果的产业转化，在前沿学术科研与微波应用产业化两方面均取得了丰硕成果。此外，课题组还长期支持本科学生搞科研，为学院科协提供仪器设备和应用科研课题，使本科学生也有机会参与实际产业化产品的研发工作，并指导本科学生发表多篇学术论文和

名师堂

申请发明专利。

蒙林

教授，博导，国家科技创新特区主题专家组成员、中国电子学会高级会员、四川省电子学会真空技术分会主任委员、中国核学会脉冲功率技术及其应用分会常务理事、四川省科技青年联合会会员、四川省电子学会高能电子学专业委员会委员、四川省跨世纪学科带头人后备人选、四川省有特殊贡献的博士学位获得者。主要从事高功率微波和等离子体物理的教学和科研工作。

曾葆青

教授，博导，美国波士顿学院访问教授，电子科技大学—美的集团联合实验室主任，中国电子学会高级会员，MRS、APS、IEEE 会员。主要从事真空微电子、微波能应用、纳米能源材料与器件应用等研究工作。在 *Adv. Mater.*, *APL*, *PRB*, *Nanotech* 等刊物发表论文 70 余篇，被他人引用 700 余次。

傅文杰

副教授，美国威廉玛丽学院访问学者，IEEE 会员，中国电子学会会员。主要从事低温等离子体、大功率微波—太赫兹技术及其应用等领域的研究工作。在 *APL*、*IEEE ED* 等学术期刊发表 SCI 检索论文 30 余篇。申请发明专利 22 项，授权发明专利 9 项，实施转让 2 项。

殷勇

教授，英国思克莱德大学访问学者、美的集团博士后、中国核学会脉冲功率技术及其应用分会理事、IEEE 会员。主要从事微波毫米波电子学、高功率微波技术、微波能应用等领域的研究工作。在 *IEEE EDL\ED\PS*，*Physics of Plasmas* 等刊物发表 SCI 收录学术论文 30 余篇。授权发明专利 5 项。主持自然科学

03 真抓实干

基金等国家级科研项目 10 余项。

遇问题，勇解决。等离子体，尤其是大气等离子体，对工程而言，涉及从电磁场、等离子体、流体力学等多物理场，分析设计难度大，尤其是很难在仿真中得到与实际一致的结果。这就使得设计中必须反复加工，反复测试修改。等离子体放电点火最初实现自动激发，但是这样的射流不稳定，转换效率也很低。面对这个问题，课题组多次试验，为了方便观察，采用小金属棒靠近点火端引诱等离子体放电，结果发现这样产生的射流很稳定，而且小功率下就可以激发，转换效率也很高，很好地解决了这个难题。

少说话，多做事。在课题组同学们的眼中，课题组鄢扬老师为人低调谦和，最大的特点就是“少说话，多做事”。课题组张同学说，“鄢老师经验丰富，理论功底厚，工程技术强。着手做项目的时候鄢老师一般很少干涉过问，时间长了他会问一下你的进度和遇到的难处，帮忙探讨。傅文杰老师的口头禅是搞（四声）一下，他非常鼓励动手实验和实际操作。”课题组老师一向乐观，鼓励学生勇于尝试和探索，而且不用担心实验失败等后果，这对于创新相当重要。老师们

也经常参与实验，经常提一些改进实验的方法或者新的实验测量手段。

重效率，近距离。项目初期，课题组比较多，再加上课题组成员着手的项目不同，从时间、人员上来看效果并不理想。为了提升效率，课题组及时调整为每过一段时间，老师亲自和每一个学生直接探讨、解决遇到的问题。这不仅提高了效率，也拉近了学生与老师之间的距离，并且工作时间也相对自由，在保证工作进度的基础上还有弹性时间。

04 活泼努力

课题组既有工程师，还有外聘的技术人员，他们一起努力，集中力量办大事，不但实现了术业有专攻，还使项目从设计仿真到加工测试整个流程的效率非常高。得益于此，课题组可以把器件做得专业化。

课题组也经常集体出去旅游、聚餐，师生之间关系如同一大家人。黄瑛老师豁达乐观，工作之余酿了酒，经常分装给大家。黎晓云老师是一位高级工程师，在指导和参与工程项目之外，还是一个音乐发烧友。黎老

告白墙：学生感悟

师经常和朋友合作自制解码器等，还会带学生一起欣赏古典音乐。

记得第一次见到蒙林老师时，当时正值考研之后选导师的阶段。第一眼看到蒙老师就给我一种很亲切的感觉，和蔼可亲。简短交谈后，我就认定一定要跟着这位老师，在他的教导下，我一定能在科研领域有所成就。转眼间，四年过去了，在蒙老师的带领下，我也渐渐地融入了新学院新专业的学习当中，老师在生活以及学习上对我们的关照全都历历在目，蒙老师给我的整体感觉就是：事业心和责任感强，对学院工作认真负责；学识丰富，对英语以及韩语都很擅长；为人正派，待人谦和，十分关心学生。如今，我已经成了蒙老师带领下的一位博士。接下来，我也一定会再接再厉，达到老师对我的期许与要求。

——彭瑞彬，博三，导师蒙林。研究方向为真空阴极，参加了国内外会议若干。

傅文杰老师是一个很平易近人的老师，同我们这些研究生都很亲近，所以我们在向老师汇报问题时都不太紧张，氛围很融洽。傅老师指导研究生的研究课题非常负责，学生随时可以和老师交流，傅老师也会随时给我们提出要求或改进方法，帮助我们一步步完成课题研究。

——周虹材，硕士导师傅文杰。长期研究等离子体制备石墨烯等工艺问题，从事包括美的联合实验室项目、等离子体医疗实验室项目等多项重大项目研究。

从北方的家乡到陌生的成都，多年前我只身踏上硕博的求学路，没想到好运又一次光顾了我，我遇到了人生中最重要的一位贵人——我的导师殷勇老师。那时我们第一次交流，我就感受到老师对科研的激情和专注。说起科研他那坚毅、充满希望和兴趣的眼神深深感染了我……他就是我立志要跟随学习的导师。他待人宽厚、温和，非常关心学生；对科研思维缜密、严谨且极具创新。在硕博学习的这五年时间里，我从适应新环境到融入新生活，从入门科研到学会独立思考、解决问题，一直备受老师的关怀和教导。我从他身上学到的是对科研的执着严谨和对人生的热爱，受益终生。很荣幸成为老师的学生，从硕士到博士，他的精神始终引领着我，我一定不辜负老师对我的期望，更上一层楼。

——毕亮杰，硕士导师殷勇，博士导师蒙林。研究方向为毫米波真空电子辐射源。已发表被 SCI 收录论文 4 篇。一年美国新墨西哥大学学习经历，两周澳大利亚拉筹伯大学学习经历，参加国际会议 4 次、国内会议 3 次，获得两次国家奖学金。

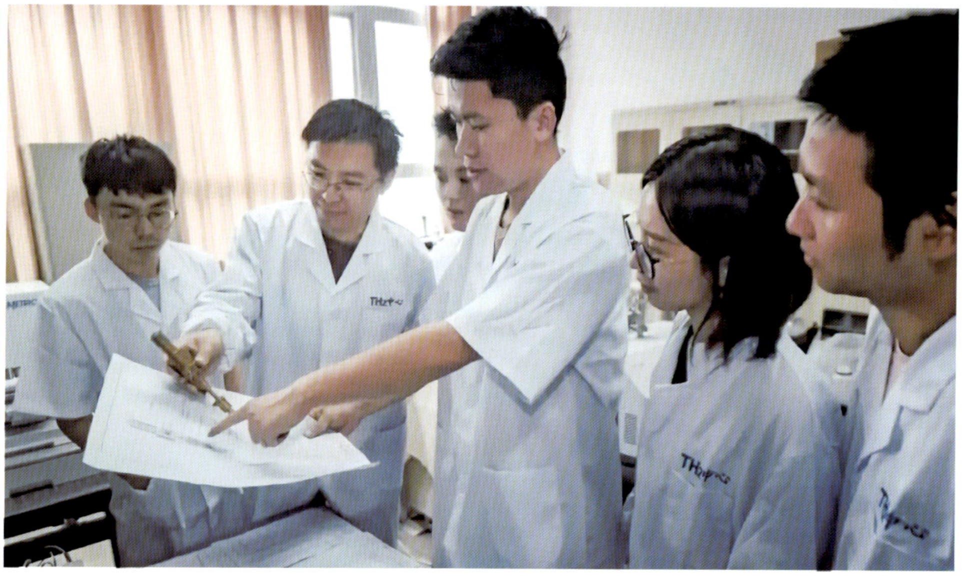

无线技术与集成系统团队：努力！为中国集成电路的明天

由国家特聘青年专家康凯教授领衔的无线技术与集成系统实验室成立于2011年，现有教授3名，副教授5名，博士研究生23名，硕士研究生80名。实验室在硅基毫米波集成电路设计、CMOS器件建模技术研究、智能无线系统集成、信号完整性、系统可靠性等科研方向上进行了较为深入的研究；承担了国家自然科学基金重点、国家科技重大专项、国家自然科学基金、“973”、“863”等一系列重大重点科研项目；在国内外高水平学术期刊和会议上发表论文近百篇，SCI、EI收录论文数十篇，获得多项发明专利。

以梦为马，心系集成电路

集成电路产业是信息技术产业的核心，不仅关系到国民经济，同时芯片是众多行业信息安全大门的“钥匙”，具备“国家战略性”属性。特别在军工行业，芯片国产化的重要性更是不言而喻。从20世纪90年代起，我国政府开始意识到半导体集成电路对于国民经济以及国家安全的重要性，有关部门相继出台多项政策鼓励和支持集成电路产业的国产化。

无线技术与集成系统团队自成立以来，一直致力于高性能芯片的科学研究，并取得了丰硕成效。团队2015级博士研究生张净植于2018年在集成电路领域顶级国际会议——国际固态电路会议（ISSCC）上发表论文，提出了一种“基于强耦合变压器的电流提升技术”，初步实现了用一款芯片把多个频段全部覆盖，让“全球通”变成了可能。该论文是中国大陆地区发表在该会议上的首篇有关毫米波集成电路设计的论文，为我校首次以第一作者单位在该会议正文单元上发表的论文。张净植同时获得该会议颁发的“Silkroad Award”，该奖项是颁发给以第一作者身份第一次在这个会议上发表论文的亚太地区的学生。张净植成为中国大陆地区历史上第 4 位获此殊荣的学生，同时也是大会历史上第 20 位获此奖项的学生。

2017 年，团队余益明博士在国际集成电路顶级期刊 JSSC 上发表论文，这是我校博士生第一次在该期刊上发表研究论文，并且该工作全部在电子科技大学完成。此外，团队学生还在国际高水平会议和竞赛中多次获奖。

无线技术与集成系统团队是一个志同道合共同努力追逐梦想的团队，因为有着共同的理想才聚在一起，一起学习一起成长，用青春和热血为祖国集成电路行业的崛起贡献出自己的力量！

纵横交织，三维立体培养

由于我国集成电路自给自足的能力相当不足和国家信息安全的需要，我国对集成电路产业国产化的要求相当迫切。尤其是 2018 年美国制裁中兴等事件，切实触碰到了中国通信产业缺乏半导体行业核心技术的痛点。因此，培养更多的集成电路产业人才就成了我国集成电路行业发展的迫切需求。

无线技术与集成系统团队在长期实践中探索出了一套行之有效的集成电路人才培养方式，形成了培养特色为本硕博贯通、纵横交织的三维立体培养模式。即从本科实习生到博士生划分为六个有区别又有联系的研究方向，新同学进入团队划分研究方向，每个同学指定一个师兄或师姐

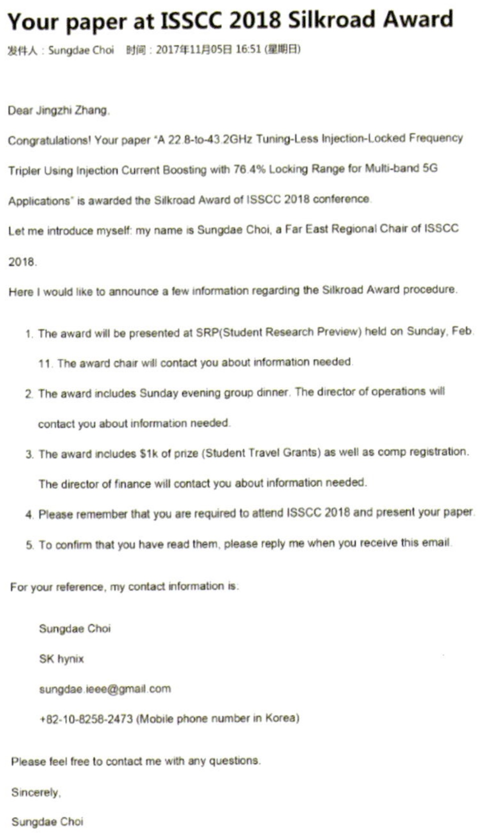
Your paper at ISSCC 2018 Silkroad Award

发件人：Sungdae Choi　时间：2017年11月05日 16:51 (星期日)

Dear Jingzhi Zhang,

Congratulations! Your paper "A 22.8-to-43.2GHz Tuning-Less Injection-Locked Frequency Tripler Using Injection Current Boosting with 76.4% Locking Range for Multi-band 5G Applications" is awarded the Silkroad Award of ISSCC 2018 conference.

Let me introduce myself: my name is Sungdae Choi, a Far East Regional Chair of ISSCC 2018.

Here I would like to announce a few information regarding the Silkroad Award procedure.

1. The award will be presented at SRP(Student Research Preview) held on Sunday, Feb. 11. The award chair will contact you about information needed.
2. The award includes Sunday evening group dinner. The director of operations will contact you about information needed.
3. The award includes $1k of prize (Student Travel Grants) as well as comp registration. The director of finance will contact you about information needed.
4. Please remember that you are required to attend ISSCC 2018 and present your paper.
5. To confirm that you have read them, please reply me when you receive this email.

For your reference, my contact information is:

Sungdae Choi
SK hynix
sungdae.ieee@gmail.com
+82-10-8258-2473 (Mobile phone number in Korea)

Please feel free to contact me with any questions.

Sincerely,
Sungdae Choi

APMC 2017

2017 Asia Pacific Microwave Conference

Certificate of Appreciation

This certificate of appreciation is hereby granted to
Zhiqing Liu
University of Electronic Science and Technology of
P. R. China

For his/her outstanding support and contribution towards the success of
2017 Asia Pacific Microwave Conference

held on
13 - 16 November 2017
at
Renaissance Kuala Lumpur Hotel, MALAYSIA

Badrul Hisham Ahmad
General Chair, APMC 2017

IEEE | MTT-S

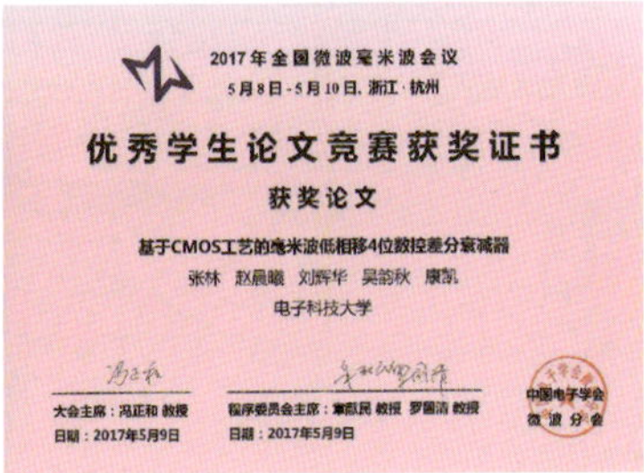
2017年全国微波毫米波会议
5月8日-5月10日，浙江·杭州

优秀学生论文竞赛获奖证书

获奖论文

基于CMOS工艺的毫米波低相移4位数控差分衰减器
张林　赵晨曦　刘辉华　吴韵秋　康凯
电子科技大学

大会主席：冯正和 教授
日期：2017年5月9日

程序委员会主席：章献民 教授　罗国清 教授
日期：2017年5月9日

中国电子学会微波分会

手把手指导，每个方向都有“大神”师兄或师姐引领，有具体的指导老师答疑解惑并把控细节。纵向培养帮助同学们在各自的研究方向上尽快入门，并且深入研究，走得长远。

在各年级中，团队有效地针对处于不同学习阶段的同学们，根据同学们的学习需求安排年级组长（学生）和年级指导老师进行协调管理。横向管理帮助同学们把控好学习阶段的时间节点，统一安排培养的各个环节与事务，保证同学们能够有效利用时间、按期完成学业安排。

阶梯入门，逐梦芯片江湖

在时间维度上，无线技术与集成系统团队探索了一系列培养模式，将团队成员分为四个阶段培养。

一、新手入门

引领同学们真正进入集成电路设计研究领域，学习基础知识，培养基本的科研素养。团队在这个环节的培养形式丰富多样：组会讨论、课堂讲授、学术讲座，等等。内容不仅有关于本专业的知识，也有关于学术理念、学术道德的培养，以及时政要闻的学习等。

二、修炼内功

让团队学生通过参与项目，进行设计实践，完成从书本知识到工程应用的衔接，帮助同学们将抽象的知识转化成解决实际科学问题的能力。

团队平均每年有三次流片的机会，大量的科研经费投入，也取得了喜人的成绩，同学们设计的多款芯片测试性能良好，其中陈志林博士负责的华为重大专项 38GHz 收发芯片成功通过了华为的外场测试，项目验收成绩良好。

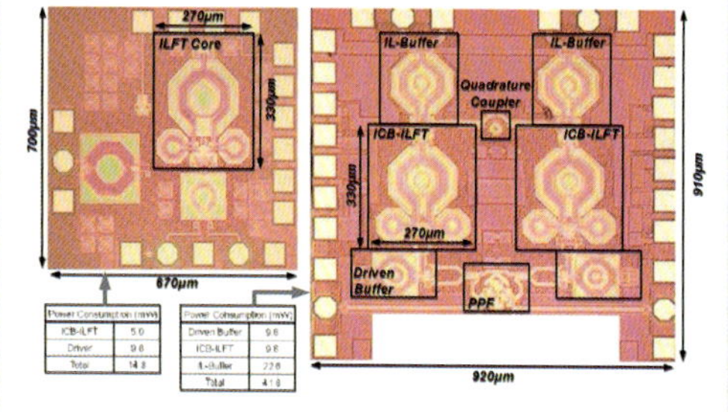

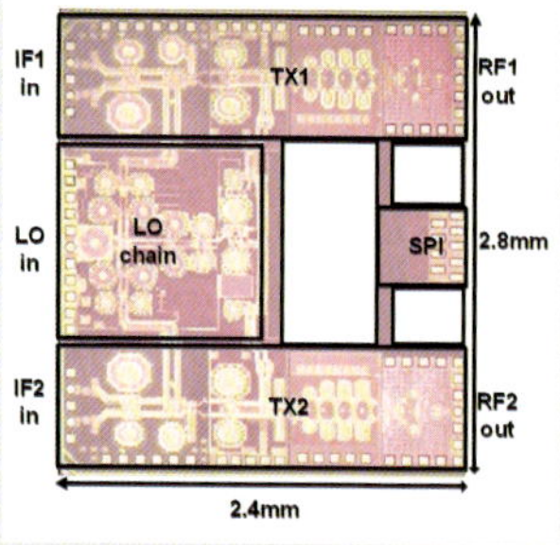

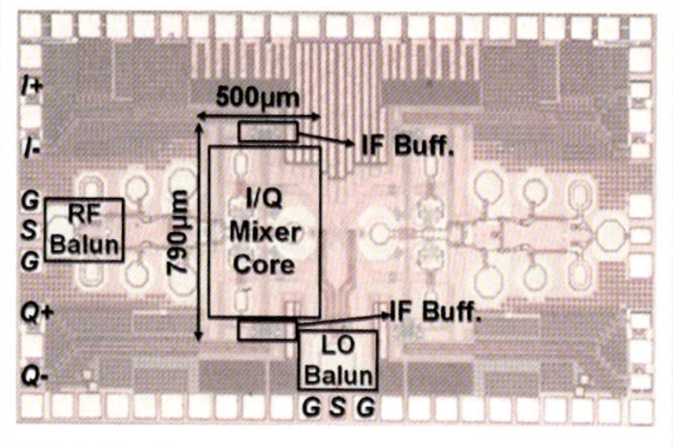

三、交流切磋

依托团队“111集成电路与集成系统创新引智基地”平台，邀请国外相关领域学术大家来校访问、授课、讲学……以多种形式给同学们带来国际最先进的研究成果，开阔大家的视野。

四、逐梦江湖

在同学们的知识储备及项目实践能力达到一定水平后，鼓励他们参与多种形式的国际化交流与竞赛，用掌握的知识与技术同国际同行们同场竞技，一些优秀学生已在各大国际会议、期刊中崭露头角，并不断向国际重量级大奖进军。

时间维度上阶梯式的培养既为“新手”学生提供了一个快速适应专业领域科研生活的渠道，也为已经“修炼好内功”的学生提供了广阔的成长平台。

路漫漫其修远兮，吾将上下而求索。尽管相比于欧美等发达国家，我国的集成电路行业目前仍有一定差距，但是通过一代又一代集成电路人的努力，中国的未来必将不仅不再“缺芯”，而且会占领行业制高点引领世界！无线技术与集成系统团队作为研究集成电路的团队，从当时的“小荷才露尖尖角”发展到如今成为国内集成电路领域不可忽视的一支科研团队，我们不仅勇攀科学高峰，同时也为行业培养输送了大量的高素质人才。但百尺竿头，更进一步，无线技术与集成系统团队的人将会用更加脚踏实地的态度，为祖国集成电路行业的崛起而不懈奋斗。因为只有不断努力，中国集成电路才能拥有更美好的明天！

Chapter 5

闻 · 道业

……

文 | 周洪双

将追求与信仰融入科研

——记2018年国家科技进步奖获得者

邓龙江

2019年1月8日，电子学院教授、国家电磁辐射控制材料工程技术研究中心主任邓龙江作为第一完成人主持的“高磁导率磁性基板关键技术及产业化”项目，斩获2018年度国家科技进步二等奖，这是他坚持科研工作30年来，第三次带领团队获得国家大奖。这次是他们在电子信息产业非常重要的电子基板行业，在国家重点项目的支持下，掌握了磁性基板集成应用的设计方法，实现了基板材料环保低成本批生产工艺，突破了系统集成、生产工艺、关键指标、技术标准等多项关键技术瓶颈，打破了国外技术和市场垄断，并完成了产业化。

十年磨一剑：项目的突破和创新是什么？

“牢记使命，莫退初心”，走进工程技术研究中心的三楼会议室，墙面高挂的匾额向我们展示着这个团队坚定沉着的精神气质。“十年磨一剑！”邓龙江简要介绍了团队历经长达十年的潜心研究，致力于高磁导率磁性基板关键技术及产业化，并取得了重要创新和突破。

“我们提出了一个新的结构和配方，制备出来的材料技术指标与国外比较，有了明显提升。”邓龙江讲道。项目的一大关键就是发明了磁性基板材料体系及配方，促使材料朝着更轻、更薄、更高效的方向发展。

项目以环保生产理念为导向，在行业内率先实现了磁性基板安全环保水性流延及二次回归烧结制备工艺。“在工艺上把材料做薄，我们可以像生产半导体硅片一样去生产，但是这样价格很高，是没有市场竞争力的！通过大量的实验对比，我们发明了一种安全环保水性流延工艺，与国外技术相比，显著降低了生产成本。”邓龙江讲道。

“伏骥千里，格物致知”，邓教授的讲解令我们为之振奋，正如我们在工程技术研究中心三楼长长的过道上看到的这八个字。或许正是遵循着这样低调深入的钻研精神，团队才取得了今天如此优异的成绩。

破釜沉一舟：项目的市场和未来在哪里？

“军民融合，引领行业技术发展”，工程技术研究中心一楼的成果展览室的介绍这样写道。这一获奖项目主要针对我国在高磁导率磁性基板领域缺乏系统集成能力、整体工艺水平落后、磁导率等关键技术指标较低的问题，军民技术融合，很好地解决了基板材料集成设计方法、基板材料体系与配方、基板材料制备工艺与装备等方面的难题。

“手机等电子消费产品未来的发展方向将在功能更强的同时，要更薄、更轻、更便宜。磁性基板就是在消费电子产品发展潮流中，应运而生的，促进了信号的高效传输和互联。”邓龙江讲道。“该项目联合了众多行业内知名的天线设计生产商及智能设备制造商，如魅族科技、安费诺、中天迅、飞荣达等，项目研发成功，非常感谢他们的大力支持，感谢团队紧密的协作，促进了更多电子产品和装备用上该项目的专利和技术。”

该成果的产业化打破了原来国际上两三家公司垄断我国磁性基板的局面，有效解决了电子产品及设备的电磁兼容问题，提升了系统的集成度和可靠性，具备明显的市场竞争优势，已完全取代国外同类产品进口，取得了良好的经济效益。

迄今为止，项目相关成果已在魅族、华为、小米等国内外知名企业投入使用，涵盖包括智能手机、可穿戴设备等6大类上百种电子产品批量应用，产品销往美国、欧洲、日本、印度等数十个国家及地区。

“高磁导率磁性基板及应用具有广阔的发展空间。作为一类新型传感系统基础材料，高磁导率磁性基板材料将融入未来物联、车联及AI系统的广泛应用中。”邓龙江说道。“今后，团队将继续推进产品技术的优化升级，不断拓宽应用领域和范围，例如门禁、银联支付、公交支付、无线充电等技术，不断引领行业技术发展，以满足百姓对美好生活的向往。”

授人以渔，诲人不倦
——专访电子学院罗萍教授

文丨毛佩瑶 赵蕴鹏

人物简介

罗萍，教授，博士生导师。1993—2000年在电子科技大学从事电气工程及自动化方面的教学与科研工作，2001年至今在电子科技大学从事微电子科学与技术方面的科研与教学工作，主要研究方向为智能功率集成电路与系统。期间，主持和参与了国家重大专项、国家自然科学基金项目、国家“863”项目、省、部级科研项目、境内外合作项目40余项；先后在国内外核心期刊和IEEE等学术会议上发表论文100余篇；以第一发明人授权中国发明专利58项、授权美国专利2项；获四川省科技发明二等奖；教学成果多次获奖，指导博士研究生和硕士研究生上百人。

科研工作 | 十年耕耘磨一剑

罗萍教授的团队目前主要科研方向包括 SoC 的电源管理电路、数字电源芯片、能量采集系统等智能功率集成电路与系统的研究与设计。功率集成电路的应用十分广泛，所有的电子产品都需要供电，必须要用到电源管理。罗萍教授和她的团队主要围绕功率集成电路开展科研工作，探讨电源管理新的调制模式和高效能量管理方法，不断发掘电源管理的新技术。

经过十余年的研究与积累，团队在电源管理方面的一些成果达到了国际领先水平。在国内一说到电源管理，大家肯定会想起罗萍教授的大团队。去年，团队的一个研究成果获得了四川省科技成果二等奖，充分显示了团队的研究水平。谈及此事，罗教授十分谦虚，说自己谈不上厉害，所有的成果都是团队一点一滴的积累。

罗萍教授十分关注学术发展方向与动态，并保持跟业界的接触与交流，让学术动态和企业导向相结合，从而寻找研究的关键点。她说，只关注学术，做出的东西实用性很低；只关注应用，会缺少解决问题的技术方案。另外，在考虑新的研究方向时，罗萍教授又会把新的技术前沿方向跟已有的研究和积累相结合，不会完全跳到一个陌生的领域，而是在继承中求发展。

科研之路 | 充满兴趣去挑战

关于为什么会对科学研究如此感兴趣，罗萍教授说道：自己在父母的引导下，从小爱看的书籍都是《我们爱科学》之类的自然科学类书籍，因此，从小就喜欢探究自然奥秘；在中学时理工科成绩总是名列前茅，对科学一直都有浓厚的兴趣。高中阶段，国家正在搞四个现代化，所以怀着建设现代化的梦想，选择了自动控制专业。当她深入自动控制以后，认为自己需要加深对底层电路和元件的了解。后来在机缘巧合下，转到微电子做研究。不管是自动控制还是微电子，都是她很感兴趣的，科研之路也就很顺利地走下去了。

问起罗萍教授学术生涯中难忘或有趣的故事时，她说：“在学术生涯中有趣和困难是并存的，在研究过程中遇到了问题，总会想着怎么去解决，而那些解决困难的过程总是很有趣的。”罗萍教授的性格也是喜欢挑战、不甘于平淡的。她说：“缺少挑战的生活，会让个人价值的体现减弱，所以学术生涯中难忘的故事很多都和挑战相关。”

让罗萍教授印象特别深刻的一次实验经历，是她还在机电实验室时发生的。“有一次实验中，一条电线没有接稳掉到了地上，但我并没有注意到，而是转身去接上了开关，高压电瞬间把地面打出了一个大坑！”说到这里，罗萍教授提醒同学们做实验时一定要规范操作，注意安全。

在做重大专项的时候，罗萍教授晚上会经常加班，有时甚至会加班到晚上十二点。有一次超过夜里十二点，当她走出实验室，却发现自己突然搞不清楚校门的方向了，思路完全还沉浸在项目。“尽管做科研很辛苦，但是最后做完项目取得成果后，再去回顾辛苦的过程，则让人很有成就感、幸福感。”罗萍教授说道。

教书育人 | 授人以渔，诲人不倦

罗萍教授不仅是一个专注科研的教授，更是一个认真负责的辛勤园丁。她说，“作为一个老师，首要的职责还是教书育人。”罗萍教授主要讲授模拟集成电路分析与设计的相关课程，而在这些课程中会讲到一些模拟集成电路的最新发展动态。这些信息和技术动态，是必须通过参与

科研去发现、去提炼、去总结，才知道什么信息是最新的、最好的，什么研究方向的发展趋势是更有潜力的。所以，科研是教书育人的一个环节，科研一定是为教学服务的。

在多年的教学生涯中，罗萍教授总结出了独特的教学方法。她说：“最好的教学方法就是时常站在学生的角度去考虑，怎么才能吸引学生对新知识点产生兴趣，怎么才能让学生学会运用已有的知识和方法，做到知识体系的融会贯通。”确实模拟电路结构变化太多，让很多同学认为模电、模集课很难。所以，在上课的时候，罗萍教授一直致力于让学生掌握学习模电、模集的方法，而不仅仅只是记住某些案例。她建议初学者应该把基础的理论，比如器件的工作原理先学懂，然后再将器件组成电路，前后关联。这样就能让学生更充分地理解电路本质的物理含义，帮助学生学好模电。罗萍老师说：“模电一开始入门比较难，但走进去之后会发现模电的世界很精彩。”

谈到如何去培养学生，罗萍教授的脸上带着慈祥的笑容说，她会多给学生创造机会，让他们在学术上得到锻炼；她会通过周例会、月例会等集体活动，营造团队的氛围，让学生学会集体合作；她会找学生谈心，帮助学生解决困难，包括一些生活上的困难。或许女老师的共性就是像妈妈一样，对学生的教育更细致。她在学生身上付出的时间和精力远远超过了用在自己孩子身上的时间，而且特别愿意在学生身上倾注感情。她说，对于一个学生来说，高等教育阶段是一个非常重要的成长阶段，不仅增长知识，也是塑造三观的关键阶段。所以她不仅教授学生专业知识，更会关注学生的个人成长。

罗萍教授也很注意引导学生做好自我管理和自主学习，通过与学生一起讨论方案和思路去引导学生自主思考；而在例会上表扬学生中的先进和榜样，可以让学生相互取长补短，在良好的团队环境中共同进步。

罗萍教授对学生最看重的品质是责任心。她说:“当一个人有了责任心，他才会想着把事情做好。而在那个想把事情做好的过程中就会去想各种各样的方法，不管是能力上的不足还是沟通上的问题，都会努力去提升自己并解决。而其他的，比如个人基础或者是动手能力，都可以在学习过程中去获得。”

语师生 | 夯实自我，不惧未来

谈到集成电路行业的发展时，罗萍教授结合行业大环境给了成电学子一些科研或就业上的建议。她说，“目前集成电路行业处于一个很好的发展时机，全中国从上到下都很重视这个行业，未来十几二十年都是集成电路高速发展的阶段。对于我们这个专业的学生，要把握好大趋势，根据个人兴趣选择研究方向并深究下去，练好内功就不怕未来。另一方面，任何行业的发展动态都有波峰波谷，但是集成电路行业是人类社会发展的基础和核心，始终有发展需求。因此这个行业总体的发展趋势是上升的，建议同学们不要太关注短期效益，要把眼光放长远些。”

当请罗萍教授推荐她喜欢的书或者某句座右铭之时，她回忆起了大学时光。在她的学生时代没有什么娱乐工具，每日的娱乐就是中午听学校广播。其中有部小说叫《平凡的世界》，书中有一句话：“痛苦难道是应该白忍受的吗，不，它应该使你更加伟大。”每当她遭遇困境之时，这句话一直激励着她勇往直前。

最后，罗萍教授送上了对学校、学院和同学们的美好祝愿。她说，在成电25年的工作经历使她对学校有很深的感情，她衷心地为学校和新学院的良好发展感到自豪。她说我们新成立的电子学院承担了学校乃至国家的很大期望，希望电子学院经过短期磨合可以很好融合，师生一起努力，不辜负所承受的期望。希望大家走出去都能以电子为荣以电子为傲。同时也希望学子们能有真功夫，为集成电路这个大行业做出贡献。

严谨态度方得始终，鹏飞国际一览天下

——专访国家青年特聘专家严鹏教授

文丨魏文静　赵子鉴

个人简介

严鹏，教授，博士生导师

教育背景

2002.09－2006.07，中国科学技术大学，近代物理专业，学士学位

2006.08－2011.08，香港科技大学，凝聚态物理专业，博士学位

工作履历

2011.10－2014.09，荷兰代尔夫特理工大学，Kavli Institute of NanoScience，博士后

2013.09—2013.10，美国加州大学圣巴巴拉分校，Kavli Institute for Theoretical Physics，访问学者

2013.12－2014.01，日本东北大学，金属材料研究所，访问学者

2014.10－2015.12，德国美茵茨大学，物理系，博士后

2015.12 至今，电子科技大学，电子科学与工程学院，校百人计划特聘教授

学术兼职

2012 年德国雷根斯堡大学“热激发自旋电子学学术研讨会”大会组织者兼大会主席

2013 年戈登会议“Spin Dynamics in Nanostructures”海报分会主席

2015 年国际磁学会议 (IEEE Intermag) 分会主席

德国科学基金会（DFG）优先项目“热激发自旋输运”指委会委员

长期担任 *Physical Review Letters*，*Physical Review X*，*Physical Review Applied*，*Physical Review B*，*New Journal of Physics* 等国际学术期刊审稿人

荣誉奖励

2016 年中组部青年特聘专家

紧随国际视野，在交流中进步

当我们走进严鹏教授的科研室时，冰箱、咖啡机跃入眼前，与想象中不同的生活化风格让我们眼前一亮。采访当天严鹏教授也打扮得十分随性。“我待过的实验室都是这样科学性和生活化并存的。”严鹏教授笑着说。

在国际化日益发展的今天，严鹏教授作为一名优秀的青年学者，走在了国际化的前列。曾赴荷兰、日本、德国访问学习的严鹏教授可谓是众多志在远方的同学的学习榜样。对于严鹏教授而言，在国外学习访问的这几年不仅帮助他开阔了眼界，更是让他学习到了不同的思维模式、科研方式。思想之间的碰撞与交流令他收获颇丰。在荷兰做博士后的三年经历令他最为难忘：“在荷兰，我见识到了外面比较厉害的人是怎么做科研的，不出去交流的话，也许我就会一直按照自己的思路走下去，然而这跟国外的学者相比还是存在许多不足的。”

在国外交流的这几年里，严鹏教授深刻感受到了国内外科研氛围的差别。“近几年国内的科研氛围已经有了很大的改善”，严鹏教授坦言道，“中国古代出了许多科学家，数学家居多，但以祖冲之为例，他虽然算出了 π 的小数点后七位，但他们的研究都局限于一两个问题，并没有像微积分一样形成一个体系，这就是中国俗话说的‘浅尝辄止’。”在严鹏教授看来，这种研究思路存在很大的局限性，容易让人在小有成就之后便停止了研究，这样不利于形成优良的科研氛围。“就像丘成桐所言，一个人的能力有限，不可能把脑袋分两个地方同时做事，学问真的要做得好的话，要朝思暮想。”严鹏教授鼓励大家自觉地培养深入思考、不断挖掘的科研习惯。同时批判性和严谨性也是现在许多科研人员所缺乏的。严鹏教授认为，多与国内外一流的科研人员交流，向他们学习，可以帮助我们培养严密的逻辑，摆脱“人云亦云”这个不好的烙印。

面对今日中美贸易争端的升级，严鹏教授认为这对于中国来说既是挑战，更是一种机遇。“有越来越多

的人开始关注电子信息这一块的发展，想要为祖国投身于这个领域，这是好事。”严鹏教授认为，通过这一系列的问题，让我们可以意识到“拿来主义”的真正含义并不是将国外的优良产品拿过来包装一下再贴上自己的标签，而是在借鉴学习了国外的优良工艺后，创造出属于自己的东西。同时，他也希望国家可以加强知识产权的保护力度，对于抄袭造假行为严惩不贷，这样才能形成良好的科研以及创新创业氛围，才能在面对美国的贸易打压时无所畏惧。

但即使是在这种形势下，正如严鹏教授所言，我们也不能从此“闭门造车”，在全球化中掉队。无论是在哪个领域，想要发展都需要各国的合作，我们更应该提高开放水平，促进中外文化科学交流。对于有出国意向的同学，严鹏教授也呼吁大家不要因为中美贸易摩擦而放弃出国深造的机会，要学会把握机遇，多出去走走，认识到开阔眼界的重要性。

写好论文非易事，目标还需更长远

严鹏教授长期担任 *Physical Review Letters*，*Physical Review X*，*Physical Review Applied*，*Physical Review B*，*New Journal of Physics* 等国际学术期刊审稿人，多年的审稿经验以及自身发表论文的经历让他在学术论文这一块颇有自己的感悟。严鹏教授在香港科技大学攻读博士学位的第三年发表了自己的第一篇论文。“发表一篇逻辑文字都十分严谨的论文一开始是很困难的，在写论文的过程中我发现了自己思维和表达薄弱之处”，他如是说道，“即使得出了计算结果，若不能将这些现象通过一篇逻辑严谨、语言流畅的论文呈现出来，便不能称为一项成功的科研成果”。因此，严鹏教授认为科研的过程就是不断训练自己的思维、提升自己的语言能力的过程。对于中国科研人员而言，除了科研本身，语言也是一道难关。为了减轻以后在学习和科研过程中的负担，严鹏教授呼吁学生要重视英语学习，夯实语言基础，多写多练才能出成效。

同时对于追随热点做研究这一现象，严鹏教授提出了自己的观点：“热点之所以能成为热点，是因为这件事有许许多多的人在关注，希望这个问题能得到解决。屠呦呦发现的青蒿素造福了不计其数的疟疾病人，凭借这样深远的影响力屠呦呦才能斩获诺贝尔奖。”他认为，研究热点问题固然是好事，但若只是想跟风造势，用一些“注水”的研究来糊弄群众，这种行为是极其不可取的。严鹏教授对自我的要求十分严格，目标也十分高远，若开始做，便要以超越全球尖端水准为目标而努力，这样才能激励自己进步，研究出更多能造福人类的成果。

少年自有少年事，本科基础要打实

谈到现在许多学生想要在本科期间发表论文的现状，严鹏教授对学生们的科研积极性表示了充分的肯定，但是对于这一波“全民论文”的热潮，严鹏教授也表现出了自己的一些担忧。“将发表论文变成全民热潮是不合适的，本科生能接触到的科研领域的确是冰山一角，我还是希望同学们可以在本科期间打好微积分、大学物理这些基础，去实验室走马观花是没有意义的。如果你觉得单纯的课本知识已经无法满足自己，想自己动手实践，那可以去实验室看看，但主要还是要以课堂为主。”他表示，学习基础知识并不如想象中那么简单，大部分人做得还远远不够。学习一个定理，不光是要学会如何用它解题，更重要的是追根溯源，探究先人是如何发现与证明的，学习他们的思维方式与逻辑。对本科生而言，光是挖掘这些便要占用很大一部分时间，在此之余才能去考虑进实验室做科研的问题。

对于本科生，严鹏教授给出了自己的美好寄语，“希望大家可以重视基础，开放交流，培养批判性的思考的能力”。他认为，一些具体的成功经历不是每个人都能效仿的，但是每个人都应该从这几个方面出发，有意识地去训练自己，这样才能在日后的科研学习中更加顺利，未来才能更具有竞争力。

学生记者团龚后军（左）、张思璐（右）采访喻胜教授（中）

传承为师之道，引导学生探索电磁波的秘密

——专访电子学院喻胜教授

文 | 王晓刚 刘昕雨 张思璐 龚后军 苟灵

把学生当孩子看，激发孩子们的兴趣、引导孩子们的好奇、提升孩子们的能力、涵养孩子们的情怀，并包容孩子们的缺点、聆听孩子们的心声、理解孩子们的想法、解答孩子们的困惑、纾解孩子们的焦虑，在严格要求孩子们的同时给他们自由成长的空间，这是电子科学与工程学院物理电子系喻胜教授与研究生相处的“秘诀”。

多年来，喻胜教授一直担任《导波场论》的教学。在教学中，他有意识地以学生为主体、以教师为主导，通过对理论方法的剖析与互动式讨论，引导研究生带着浓厚的好奇心窥探电磁波的秘密，加深了对导波场论的理解。同时，他常在课下与学生交流，全方位培养学生、关心学生成长，让学生又敬又爱。

01

桃李传承
“感谢李宏福老师对我的指导”

在与研究生相处时，喻胜经常回想起自己读研、读博时的经历。1993 年，他考入成电读研，投师李宏福教授门下。李宏福教授是 1960 届成电毕业生，长期从事微波电子学与相对论电子学的研究与研究生教学工作，对喻胜的学术成长提供了很多指导和帮助。

喻胜说，当时读研机会难得，大家都很珍惜，专注学习、心无旁骛。硕士刚进校他就进入教研室，与导师朝夕相处，“就像在一个办公室上班一样”，平时师生交流很多，遇到问题可以随时请教导师或与同学讨论。

“李老师对我们的指导是全方位的，他关心学生的学习、研究，也关心学生的生活，言传身教，让我们受益终生。”喻胜表示，“那时候我就想，如果我当了老师也要像李老师这样善待我的学生”。

读研期间，喻胜主要研究“回旋放大器”。当时，由于研究条件限制，我国在材料、工艺、测量、仿真等方面都困难重重。然而，成电在国内高校最早进军该领域，在李宏福教授带领下研制的回旋管达到国际先进水平。

在此过程中，喻胜有幸参与并见证了学校在该领域的辉煌成绩。“这些研究涉及大量的公式推导，需要根据公式构建计算机模拟模型，然后自行编程，根据程序再对物理对象进行分析模拟。”他说，“全程参与研究，让我们收获很大”。

从 1993—2002 年，喻胜一直师从李宏福教授，2002 年获得电子科技大学物理电子学博士学位并留校任教，从此开始指导自己的学生，传承和探索“为师之道”。

02

激发兴趣
“让学生自己学会思考”

从 2003 年开始，喻胜给研究生上“导波场论”课程。此前，他曾有过多年的授课经验，但针对的是本科生。开设“导波场论”课程，是他第一次面向研究生进行教学探索和实践。

该课程是物理电子学硕士和博士的必修课，也是基础课，内容主要是引导电磁波运动的理论和方法，对从事学术研究具有十分重要的作用。当然，要教好、学好这门课程，并不容易。

“这门课的理论性很强，数学公式繁多而且复杂，不光有标量的数学方程，也有矢量的数学方程。”喻胜说，电磁场本身不好想象，再加上描述电磁场对数学的要求很高，很多学生都会卡在数学上。这些特点无疑增加了授课的难度，但是，他深知学生难在哪儿，所以会根据学生的状态以及课程本身的技术条件，进行有针对性和侧重点的授课。

“教好这门课，最重要的还是引导。”很多学生不愿意学这门课程，是因为要理解它需要一个过程。因此，老师需要循循善诱，善于引导，想办法吸引学生主动学习，在理解的基础上发现这门课程的魅力。

他在课堂上以讲述理论公式的推导为主线，重点讲概念、讲思路、讲方法，鼓励并带领学生去看、去做、去思考，下课后他会跟学生一起交流讨论，引导学生自己学，因为“自己推导出来的公式，永远忘不掉”。

总结研究生培养的感受，喻胜说：“他们就像我的孩子，不怎么怕我，但也许有些敬畏；他们思维活跃，但也面临迷茫；他们充满好奇，但要深入理解还有一个过程；他们富有创新精神，但还需要加强数理功底。我要做的，就是理解他们、帮助他们，引导他们发现电磁波的魅力。”

03

鼓励交流
“做研究要善于交流和表达！”

“研究生不同于本科生，对于研究生而言，学术研讨、学术交流十分重要，可以提高学习和研究的效率，加快研究与探索的进程。”正因如此，他一直鼓励研究生积极拓展学术交流探讨的能力。

交流包括学生与学生之间，以及学生与老师之间的交流。他在团队努力营造开放自由的氛围，让学生敬而近之，愿意主动交流。

同时，交流也包括与同行之间的交流。参加学术会议是与同行交流的重要方式之一。只要条件允许，他都鼓励学生走出去，支持他们参加国内外学术会议，即便不提交或宣读自己的论文，听一听其他同行的思考、了解他们的最新研究进展，也是十分有益的。

此外，与同行的交流也可以通过广泛阅读来实现。他说：“研究生期间的大量知识来源于学术资料、文献等，养成阅读和交流的良好习惯十分重要。”

阅读和交流可以促使自己不断思考，提升创新能力。他指出，创新的前提，就是要去思考。如果对一个问题穷于思考，创新就无从谈起。只有大量阅读、勤于思考，才有可能“站在巨人的肩膀上”，站得更高、看得更远。如果不想追求更高、更远的境界，就更没有可能超越和创新。

他强调，真正的原始创新或颠覆性创新，都是偏重于基础的。就像爱因斯坦的相对论那样，它颠覆了我们的基本概念和思想方法，换句话说，它颠覆了我们的世界观。量子力学的伟大之处就在于，它揭开了物质的微观世界，并让我们找到了描述微观世界的方法。

04

涵养情怀
“回旋器件是很有前途的研究领域”

在自己读研期间，随着对“回旋放大器”接触了解的逐步深入，他发现，这是一个非常有前途的研究领域，同时还有大量问题亟待解决。他说：“这个领域研究对国家和社会的发展具有很重要的意义。”

博士期间，他做过关于两种回旋器件的研究工作。虽然当时科研的软硬件条件较差，“一个数据可能需要几天才能出来，对于回旋管的模拟要几个电脑同时计算一年半载才得出结果”，但他一直坚持探索，希望能在这一领域为国家做出应有的贡献。在“十五”和“十一五”期间，他主持研制成功了大功率回旋放大器件，其综合指标达到了国际先进水平。

2004 年，学校联合国内数家科研单位恢复建设国防特色紧缺专业——真空电子技术专业。作为恢复后第一任真空电子技术系主任，喻胜深知我国在该领域的人才缺乏状况和薄弱之处，因此，他有一个心愿，就是在电真空领域尽快为国家培养大批优秀人才。

目前，学校的微波电真空器件国家级重点实验室作为真空电子技术专业的重要研究平台，是国内高校中唯一能进行大功率微波、毫米波器件的理论研究、计算机模拟、制管工艺研究到冷、热测试的完整研究和制造基地，也为人才培养提供了良好的条件。

他说：“我希望同学们能够在深入的研究中看到这个领域的巨大潜力和光明前途，并像所有老一辈成电人那样，为实现中国梦、成电梦贡献自己的智慧和力量。”

初心即是“中国芯”

——专访无锡乐东微电子有限公司董事长、校友朱汪龙

文丨王晓刚 于欣孜 温英剑 任航

在集成电路领域越是钻得深入，朱汪龙就越是有一种紧迫感。如果从 1982 年考入成电三系学习半导体算起，他至今已在这个领域扎根 37 年了。这 37 年，半导体行业日新月异，技术快速更迭。但是，这 37 年，他的初心和使命都坚定不移，那就是做大做强“中国芯”。

2019 年 9 月 30 日，示范性微电子学院企业教授、无锡乐东微电子有限公司董事长朱汪龙校友回到母校，做客“求实讲坛”暨“成电芯论坛”，以“十年后的自己”为题，畅谈我国集成电路的发展现状和未来机遇，鼓励学弟学妹勇做“中国芯”发展的中流砥柱。

他演讲的题目有一个副标题，就是“强我中国芯”。这句话，不仅是他对成电的学弟学妹的期许，也是多年来对自己的期许和鞭策。他的基本判断是，“未来 10 年集成电路将迈进实体经济新征程”，同时他也提醒大家：“任重而道远，我们仍需努力！努力！再努力！”

学生记者团任航（左二）、于欣孜（右二）、温英剑（右一）、朱汪龙（中）

选择成电：半导体是源自童年的一个梦

朱汪龙出生于江苏泰兴，从小就对“半导体”充满好奇。有一次，天上掉下来一个大气球，上面竟然有陶瓷封装的电子仪器。当地群众以为是“敌特”搞破坏，立即把气球送交政府机关。经过研究鉴定，原来这只是一个探空气球。朱汪龙有幸从父亲那里看到了这个探空用的电子仪器，从此对“半导体”痴迷不已。

1982 年考大学时，他还不知道什么是“微电子”。班主任帮他参谋填报志愿，他只说最喜欢无线电。班主任说，“如果想学无线电，最好报考成都电讯工程学院（简称成电），这个学校就是专门搞无线电的，去那里肯定没错。”

朱汪龙当时报了成电的一系和四系，并填写了“服从调配”。但是，他最后都没有被一系和四系录取，而是被调配到了三系。三系当时称为“固体器件专业”，他拿到录取通知书一看，不解地问班主任：“这是个什么专业啊？”班主任告诉他：“反正是无线电相关的，去了好好学！”

他拿到了录取通知书都不知道成电在哪里，这才拿起地图查找成都的位置。“我报成电很偶然，阴差阳错的。但成电是我的第一志愿。”他说，“我以为无线电就是半导体收音机，没想到歪打正着学了微电子。”

20 世纪 80 年代，大规模集成电路刚刚兴起，但成电的课程已经紧跟科技前沿，讲授最新的知识了。然而，对于大一新生来说，这无异于一场“噩梦”。他说，“开学后发现课程太难了，半导体物理、量子力学、热力学、统计学等等课程，学得云里雾里，样样都不会。”

但老师们的敬业和付出，给学生留下了深刻印象。朱汪龙说，那时候老师和学生都有一股刻苦钻研的劲头，没有教材就自己编写讲义，然后工工整整地刻在蜡纸上油印出来发给学生。这种求真的精神很感染学生。因此，他幽默地说，“多年以后，在成电学的知识可能‘还给了老师’，但学习的精神和方法一直伴随一生。”

跨入行业：年轻人聚在一起使劲折腾

1986 年，朱汪龙大学毕业，被分配到位于重庆市永川区的中国电子科技集团公司第二十四研究所（简称 24 所），主要做集成电路设计。这是他在课本之外第一次实实在在地接触到“集成电路”。在师傅的手把手教导下，他开始了执着一生的探索。

24 所是我国最早成立的半导体集成电路专业研究所，也是我国唯一的模拟集成电路专业研究所。现在，它主要从事半导体模拟集成电路、混合集成电路、微电路模块、电子部件的开发和生产，技术实力雄厚，是我国高性能模拟集成电路设计开发和生产的重要基地。

然而，在 20 世纪八九十年代，24 所的“集成电路”水平还处在初级阶段。虽然名为“集成电路”，但与现在相比集成度很低，而且设计手段比较落后，需要对着集成电路照片在坐标纸上画出来，再将坐标纸覆膜刻印，形成类似照相“底片”的东西。

当时，所里的老师傅们都是用手绘图，他们留过洋，理论基础扎实，实践经验丰富。但是，朱汪龙等一批年轻人有热情、更活跃，对电脑的使用更顺手。朱汪龙说：“当时研究所里有几台计算机，白天是老师傅们用，晚上下班后就归我们一帮年轻人用。反正下班没事做，就捣鼓着用计算机做电路设计。”结果，师傅们需要用一年时间完成的设计，被朱汪龙等年轻人两三个月就搞定，速度和质量都令师傅们点赞称奇。

对比几十年来集成电路产业的发展变化，朱汪龙感叹，“这个领域的知识和技术更新实在太快了！过去在学校学的某些知识，可能现在永远没有用武之地了。但是，只要我们提升了学习能力，就能够不断适应快速变化的世界。”

随着国家集成电路产业布局调整，朱汪龙被调往 24 所无锡分所，起初做电路设计，后来被调到生产计划处，负责生产管理，29 岁就成为单位里最年轻的处长之一。从此，他在更大的平台、更高的高度，广泛接触到了国内外的集成电路供应商，也对国外的相关技术有了更加广泛而深刻的了解。

敢想敢做：在危机中敏感地抓住了机遇

到机关工作不久，朱汪龙又被调至华晶集团任副总工程师，负责进出口工作。该公司坐落于无锡微电子高新技术工业园，是国家重点高新技术企业，也是目前国内规模最大、技术水平最领先的微电子骨干企业之一，主要从事开发、生产和经营分立器件和双极电路两大类微电子产品。

在工作中，他发现大陆企业所用的大部分集成电路材料、器件都是通过香港商家从欧洲、美国、日本转手而来，价格奇高。因此，他自然而然地冒出一个想法：“为什么我们不能直接从欧洲、美国、日本进口呢？”于是，他努力说服华晶集团成立一个专门的进出口公司，缩减进口中间环节、拓展海外供货来源。然而，这一设想在实现过程中阻力重重。

机会不等人。当时，正值 1997 年亚洲金融危机，韩国的微电子材料和器件价格几乎被“腰斩”，比欧美日同类产品低很多。而从性能上来看，虽然韩国产品确实比欧美日产品稍逊一筹，但此时的韩国产品性价比更有优势，潜力巨大。

因此，朱汪龙决定在华晶集团停薪留职，自己亲自动手，成立了无锡乐东微电子有限公司。“我当时想着如果做不成就回去上班，但过了一年，这事儿竟然做成了！”朱汪龙从此开始，一做就是 20 年。如今，他代理的韩国半导体材料和器件在中国大陆的市场份额已经名列前茅。

在公司初创阶段，朱汪龙得到了成电校友和校友企业的大力支持和热心帮助。他说，“那时候，我们还没有半导体领域的校友会，但是，成电校友在业内有很多，而且都很热心——他们让我在拓展海外业务时少走了很多弯路！”

随着公司运营逐步成熟，朱汪龙又将集成电路设计重新“捡”了起来，专门成立了集成电路设计公司，把“从头到尾”的生产环节分开，自己设计，然后找韩国企业代工。因此，他被业内称为集成电路设计领域“第一个吃螃蟹的人”。

此后，公司的业务不断扩展，他把握形势，先后在2008年3月成立了主营设计加工的泰兴乐通微电子有限公司、2011年1月成立了主营整机应用的无锡艾立德智能科技有限公司。现在，他已经拥有5家企业，年销售规模超过7亿元，具有比较雄厚的资金实力。

2015—2016年，朱汪龙作为国内50家尖端创新技术企业的人员，两次随习近平主席出访欧洲，两次随李克强总理出访韩国和日本。

近年来，根据国家经济及科技发展的需要，无锡乐东微电子有限公司逐步向信息通信及数据处理分析领域进军，在2015—2020公司规划中明确提出了将信息化系统集成列为未来几年公司的重要发展方向之一的战略布局，并在产品开发及相关技术研发上取得了良好的阶段性成果。

正视现实：加强自主创新，做大做强“中国芯”

在集成电路行业打拼这么多年，朱汪龙越是知己知彼，就越是有一种只争朝夕的危机感、舍我其谁的责任感、追求一流的使命感。他经常提醒自己，也提醒同行，甚至包括学弟学妹，一定要认识到我们的不足和短板，正视现实，奋发图强。

他认为，中国集成电路产业发展如果从1965年开始算起，到今年已有50多年历史。我国在该领域起步时，与美国只有7年的差距。但是，现在我国的集成电路却长期处于落后状况，甚至被后起的韩国和我国台湾地区超越。这实在令人心痛！

我国工业各部门都有很快的发展，不少行业进入了世界前列，特别是电子信息产业中，各类电子整机的产业规模都在世界前三位。唯独各类整机的“芯脏”——集成电路总是落在整机之后，远远不能满足整机的需求。近几年，我国进口集成电路所用的外汇甚至超过石油跃居第一。中兴、华为事件更是以冷酷的事实凸显了做大做强“中国芯”的严峻性和紧迫性。

谈到我国集成电路产业落后的原因，他将其归结为战略认识滞后、长期投入不足、科研与产业脱节、引进与消化吸收创新脱节、地方政府支持不力、企业缺乏领军人才、国产设备配套困难、企业决策失误、人才培养存在误区、社会认知存在歧义等内因，以及西方国家对中国进行技术封锁等外因。

当然，差距并非意味着没有超越的希望。他认为，当前我国振兴半导体产业机遇与挑战并存。机遇在于，我国已经成为全球最大的半导体消费市场，消费需求是重要驱动力；同时，国家高度重视和大力支持，产业结构正加快升级改造；受国际形势的变化影响，芯片产业成为战略产业，而且国家集成电路产业投资基金等也开始了大力投入。

他认为，十九大报告已经提出要加快建设制造强国，加快发展先进制造业，加快互联网大数据、人工智能和实体经济的深度融合。这对我们来说是机遇，对芯片制造也提出了越来越高的要求。政府工作报告中把集成电路排在实体经济第一位置，足见国家对于集成电路的支持力度之大。

“未来的10年，我们在芯片领域有非常大的机遇，希望同学们能够从现在开始抓住机遇。”他勉励成电学子，“能够在电子科大学习微电子专业，是各位同学的幸事。希望大家能够努力学习，明白自己学的东西将会应用于何处，让10年后的自己活得更加精彩！”

技术骨干到管理精英的完美蜕变

——专访校友徐世六

文 | 刘一礼

人物简介

徐世六，1957年7月出生于四川省邻水县，1978年考入成都电讯工程学院（现电子科技大学），攻读固体器件专业。1982年，毕业分配到中国电子科技集团公司第二十四研究所（以下简称24所）；2000年，担任24所所长；2004年，担任24所所长兼党委书记；2009年，担任中国电子科技集团公司重庆声光电公司总经理。研究员级高级工程师；电子科技大学兼职教授、博士生导师。美国电子电器工程师协会（IEEE）高级会员、中国电子学会会士、中国半导体行业协会常务理事、重庆市电子学会理事长。

成电时光，以书为爱 | CHENGDIAN SHIGUANG,YISHU WEIAI

1977年，徐世六以优异的成绩考入了成都电讯工程学院（现电子科技大学）固体器件专业。回忆在成电的时光，徐世六感慨万千："想起我们77级的学生，那个时候学风非常浓厚，每个学生都很自觉，如饥似渴地学习。"在那个年代，知识是每个成电学生的追求，书籍是每个成电学生的挚爱，图书馆和教室是每个成电学生的港湾。徐世六笑着说道："在那个时候，刘书记经常到教室来赶我们：'快回去了，要关灯了。'"对于当时学习的点点滴滴，年过半百的徐世六历历在目。谈到对成电老师的印象，徐世六深有体会地说："对唐茂成老师的印象非常深，唐老师的理论功底非常深厚，教学也十分严谨，对于量子力学这种基础学科，唐老师也研究得非常通透。"正是因为有像唐茂成先生这样一批优秀负责的老师，成电在接下来的几十年中才能不断地涌现出集成电路行业的精英人才，"而且像唐茂成先生这样的老师不止一个，所以成电会有这样的学习和科研氛围，一批人影响下一批人，不断地传承"，徐世六如是说道。

技术骨干，勇创佳绩 | JISHU GUGAN,YONGCHUANG JIAJI

谈到技术领域，徐世六说道："成电的学生，不仅工程能力要强，而且要成为领军人才，要在基础学科前沿领域有突破，要塑造大成电的品牌。"的确，徐世六自己就是这样的人。从1982年大学毕业分配到24所从事半导体工艺技术研究整整十年，徐世六一直默默地奉献着自己的青春和智慧，他对自己选定的事业执著追求，为攻克科技难题，经常加班加点，通宵达旦地工作，而且在工作之余还在不断地扩展自己的知识面，"我在搞光刻的时候，事情不是特别多，所以我就在旁边看氧化、看扩散、看注入等工艺步骤，最后这一套工艺流水线的流程我都非常熟悉了。"

在 10 年的科研一线工作中，作为课题负责人或主研人员之一，徐世六在双极超高速集成电路领域取得了显著的成绩。而立之年，他就已经取得了 20 多项科研成果，其中 7 项获得了部级以上的科技奖。在此期间，作为第二主研，完成了“七专 ECL 超高速分频器（G）S032 技术标准与可靠性升级”课题，其产品（G）S032 荣获 1990 年原机电部优质产品奖。为完成此课题而建成的国内第一条双极型超高速 ECL IC“七专”管理线荣获原国防科工委与机电部颁发的“七专”管理工作二等奖。作为第一主研完成的“高速单片 A/D、D/A 转换器 CDI 工艺研究”成果被专家评为全国首创。

1986 年，在担任一室工艺流水线线长期间，时遇 24 所无锡分迁后力量十分薄弱，徐世六通过采用三套不同工艺解决多品种流片问题，在技术力量有限的情况下，确保了科研生产任务的圆满完成。

1992 年，入所刚好 10 年的徐世六担任了计划处处长，他带领处内同志深入科研生产现场，全身心投入某工程试验所需的器件研制工作，加班加点，突破重点，按时完成器件以供整机单位装机使用，确保了工程试验圆满完成。生产出的器件经受住了恶劣环境的考验，这使用户非常感激。

1995 年，徐世六担任副所长后，建成了双极 CMOS、BiCMOS、C-BiCMOS、CBiP 多种工艺技术的 4 英寸 1.5～2 微米工艺生产线，MCM-D 生产线和厚膜、薄膜工艺生产线，并通过了 GB/T1 9001-ISO 9001 质量体系认证，让 24 所的科研生产上了一个大台阶。为了国防现代化建设的需要，徐世六同志还积极组织 A/D、D/A 技术攻关，着力推进 A/D、D/A 向前发展。同时加强 24 所 A/D、D/A 攻关的组织领导，成功地研制出国内第一块转换速率为 125 兆赫的 8 位单片复合视频转换器，达到了国际先进水平，并荣获信息产业部科技进步奖。

管理精英，德识兼备 GUANLI JINGYING,DESHI JIANBEI

谈到自己在管理方面的心得，徐世六毫不谦虚地说道：“一个管理者，非常重要的就是‘德’，要有牺牲精神，这是我从零开始到最后成为所长的关键。”徐世六去北京参加全国劳模和全国先进工作者表彰大会，载誉归来时，他将国务院颁发的 5000 元奖金悉数捐赠给所里精神文明指导委员会办公室，他说：“荣誉是大家的，24 所的发展全所职工都做出了贡献，因此，这奖金是大家的。”可见在徐世六的眼中，集体的利益始终是放在第一位的。

徐世六还提到：“一个好的管理者，还需要有专业背景。”徐世六从助工、工程师、高工到研究员级高级工程师，从课题组长、研究室副主任、所长助理、副所长到所长，凭着对事业的无限热爱默默奋斗在科研生产第一线，在这期间积累了非常深厚的专业底蕴，徐世六觉得自己的专业知识“有利于在管理的时候分配工作，还可以对员工的工作完成情况进行评估”。除此之外，徐世六还建议成电的学生，如果有做管理的想法，首先“专业知识得够硬”，其次得“提高自己的情商和沟通表达能力”。

谈到对 24 所的管理改革，徐世六分享了一个非常重要的观点：“一个管理者要懂得调动员工的积极性，需要建立

一种机制让员工自觉自愿、心甘情愿地做一件事，让员工觉得自己做的事情有意义。”任所长期间，徐世六为提高研究所的活力绞尽脑汁。为了想出一套好的激励机制，甚至在生病住院期间他都在思考。面对复杂多变的人才市场变化，徐世六提出了“以促进员工全面发展为己任，创新管理、德行实践”的管理格言。通过不断思考和探索，徐世六创造性建立了动态管理机制的企业管理方式。即通过管理、技术和技能三支队伍的职业通道规划，对管理干部推行中层干部的滚动目标责任制，年薪与目标挂钩；对业务管理按照高级主管、业务主管等六岗、22 级薪档制，宽带薪酬设计，实现管理岗位动态激励；对技术干部实施主任、副主任工程师等六岗、23 级薪档制，宽带薪酬设计，动态激励技术人才，培养技术带头人，打造行业领军人才；对技能人才，则着重培养技师队伍和高级技工队伍。他着力推行高效、精干、扁平的组织结构，打破了干部职务终身制，形成了技术、管理干部能进能出、能上能下，待遇能高能低的激励与退出机制；以岗位管理为轴心的全员聘用制的推行，建立起了新型的契约化管理模式；建立了“以岗定薪、岗变薪变、岗薪随企业效益浮动、收入与业绩挂钩”的宽带薪酬体系，并在技术管理骨干中推行年薪制。这套方案很好地体现了人才资本的技术、管理等生产要素参与分配的原则，人才的吸引和稳定得到保障。

最后，徐世六关于人才培养方面发表了自己的看法：“在我们研究所里面，有的人擅长理论的深入研究，而有的人擅长解决工程方面的问题，在两方面都擅长的人就是凤毛麟角了，所以这就需要管理者的一双慧眼。”徐世六高度重视管理人才、科研人才、技能型人才三支队伍的建设。牢牢抓住各类人才的引进、培养和使用三个环节，制订了 24 所发展需要的人才发展战略规划，建立起了“以管理素质培训、专业技术培训、岗位技能培训”为主要内容的人才培训体系，人才队伍的整体素质获得快速提升。通过对中层干部进行管理理论要素的培训，并推行持证上岗制度，使中层干部成为既懂技术又懂管理的复合型人才，让中层干部围绕目标创新管理，整体战斗力大大增强。对科技人员重点培养和造就科技英才，构筑人才高地，采取智力引进、出国进修、专家讲学、技术交流、评选优秀中青年技术骨干，在所内推行评选科技进步奖、颁发专利论文奖，竞聘主任、副主任设计师、工艺师等，并从“业务能力、学术水平、业绩效果、知识更新、协作配合”五大要素实施考核，培养和激发技术人才的自主创新能力，建立学习型的科研队伍，形成后劲有力的人才梯队。

徐世六就是一位“求实求真，大气大为”的成电人，脚踏实地、勤勤恳恳、无私奉献、敢为人先，在热爱的集成电路行业奉献自己的青春和热血。采访最后，徐世六谈道：“如今的集成电路行业和我们那个时候不一样了，我们那个时候方向很窄，而现在集成电路和很多领域交织在一起，包括大数据、人工智能等。”在这个时代浪潮中，成电的学生应该“要有敏锐的洞察力，抓住机遇，在选择方向时要结合自己的长处和兴趣点，并且坚持深挖下去，这样无论是对于科研还是对于创业都大有益处”。作为一位老学长，徐世六衷心地希望成电的学弟学妹们选对方向、执着追求、吃苦耐劳、抓住机遇、迎难而上，要做集成电路行业的佼佼者，“做突破学科前沿的高精尖人才，塑造大成电品牌”。

2019 年学院新入职教师
不忘初心，牢记使命，
为党和国家的教育事业奋斗终生

张健 教授

研究方向：毫米波太赫兹信息技术与微系统前沿交叉技术

团队名称：大功率毫米波技术

团队负责人：罗勇

李沫 特聘研究员

研究方向：量子与光电融合微系统技术、微纳光电技术

团队名称：大功率毫米波技术

团队负责人：罗勇

黎湧 教授

研究方向：卫星导航技术及其应用研究

团队名称：毫米波技术与系统应用

团队负责人：樊勇

周春华 教授

研究方向：宽禁带功率半导体

团队名称：功率集成技术实验室

团队负责人：张波

邢孟江 研究员

研究方向：三维异质集成技术

团队名称：新型电子材料与器件实验室

团队负责人：张树人

韩天成 教授

研究方向：电磁辐射控制材料与技术

团队名称：电磁辐射控制材料与技术

团队负责人：邓龙江

姚叶雷 特聘副研究员

研究方向：大功率毫米波技术

团队名称：大功率毫米波技术

团队负责人：罗勇

江明 特聘副研究员

研究方向：计算电磁学

团队名称：电磁辐射与散射

团队负责人：杨仕文

姚光 特聘副研究员

研究方向：柔性电子薄膜器件

团队名称：柔性电子实验室

团队负责人：林媛

罗军生 特聘副研究员

研究方向：电子薄膜与器件

团队名称：柔性电子实验室

团队负责人：林媛

刘颜回 教授

研究方向：阵列天线

团队名称：电磁辐射与散射

团队负责人：杨仕文

UESTC

涂程 特聘副教授

研究方向：微电子机械系统

团队名称：微波电路与微系统集成

团队负责人：张晓升

周锌 特聘副研究员

研究方向：功率半导体集成技术与可靠性

团队名称：功率集成技术实验室

团队负责人：张波

赵睿鹏 特聘副研究员

研究方向：电子功能薄膜与器件

团队名称：电子功能薄膜与器件研究室

团队负责人：张万里

王显福 特聘副研究员

研究方向：电子材料与元器件

团队名称：电子功能薄膜与器件研究室

团队负责人：张万里

刘雨晴 助理研究员

研究方向：柔性电子器件

团队名称：电子功能薄膜与器件研究室

团队负责人：张万里

Chapter 6

耀 · 青春

……

将优秀诠释到极致！电子学院 2020 届省级优秀本科毕业生

越努力，越优秀！电子学院 2020 届省级优秀研究生毕业生

记成电杰出班级 2016030106 班：厚德以求知，博学以践实

困于心，衡于虑，而后作——专访电子学院硕士毕业生张宣

斩获名校 offer 数十个，弃百万奖学金，看全奖直博港科大的电子学霸如何逆袭成功

电子星力量

微梦正能量

电子学子勇攀高峰创佳绩

震惊！这个组织竟如此——电子学院学生发展指导中心简介

将优秀诠释到极致！

电子学院 2020 届省级优秀本科毕业生

文 | 张坤 侯雨婷
整理 | 肖紫嫣 马臻 刘小乐

大学的塑造性很强，强到使人有不同的发展轨迹。刚进大学的时候，谁还不是个拼命想要外面世界认可的少年？大学算是半个社会，形形色色，最难的是面对真正的自己。总会有这么一些人，坚持自己的路，毅然前行，他们以梦为马，做那个孤独地将火举起的人，点亮黑暗，融化冰雪！

电子学院 2020 届省级优秀本科毕业生们，他们始终不忘初心，朝着梦想前进，并将优秀两字诠释到极致！他们用拼搏报为国效力的大为之志，用热情谱求实求真的奋斗之歌！

张淼　电子科学与技术专业

张淼，前三年智育成绩：90.97，排名 3/167，保送本校直博，导师李言荣院士。试想，想要大学四年几乎所有基础课程、专业课程成绩都达到97 分以上，会是多么难的一件事，但是有人做到了，他就是张淼。曾获两次国家奖学金、优秀学生奖学金、院最高荣誉“微固之星”奖学金等，大二上进入电子薄膜与集成器件国家重点实验室，主研或参与 6 个科研及科创项目，已在 SCI 核心期刊发表论文 2 篇，其中一作 1 篇，总影响因子 38.7，以第一作者在 JCR 一区期刊 *Advanced Energy Materials*（IF：24.884）发表论文，该论文是本校截至 2019 年本科生为第一作者发表的影响因子最高的 SCI 论文。而这优秀的成绩都来源于对科研的热情与坚持，MIT 终身教授 Caroline A.Ross 曾说：“科研就是站在人类的顶端，突破人类的极限”，张淼也立志做一个突破极限的人。

除此之外，他还担任了电科二班班长、院林为干班班长、国际钙钛矿会议 Best Volunteer、校学生会干事等。在大学生活中，他坚持用行动去帮扶他人，暑期支教每天走 3 小时山路去给山区孩子上课，主动请缨帮高三学子圆大学梦，组建“地表最强学习小组”……正是凭借着坚毅乐观的态度和勇于挑战的精神，他不断靠着自己的争取与奋斗，最终造就了一个优秀的自己，更造就和引导了更多优秀人。每当有人把张淼的成功归功于天赋时，他总会说：“我并没有什么过人的天赋，我做得最多的只是坚持罢了。”

在科研上默默坚守，在生活中默默奉献，勇担重任，不断向前，唯望初心不改，常怀壮志凌云。

金楚丰　集成电路设计与集成系统专业

金楚丰，一个一直在路上奔跑的人。三学年专业排名第一，先后获国家奖学金、世强一等奖学金和汇顶一等奖学金。本科期间，43 门必修课和 20 门选修课均达到满绩，以 GPA4.0 的杰出表现交出了一份优秀本科生的模范卷……这些的背后更有着他挑战自我的勇敢宣言：坚持各课程小班研讨中对个人综合能力的锻炼，能用多种方法求解就不只满足于一种；能用英文原著课本就不用中文译本；即使选修学分已达毕业要求 2.5 倍，仍然在四个学期各选一门专业性选修课。

同时，他是一个真正将读万卷书与行万里路结合在一起并切实践行的人！大学四年有两年以上校外经历：获全额资助赴台湾交通大学交换学习，在日本政府全额资助下赴日本参加樱花科技项目，到中国科学院半导体研究所实习 6 个月，到芯原微电子成都公司实习 4 个月。获清华大学、复旦大学、中国科学院计算技术研究所三家保研夏令营入营资格，现已保送清华大学微纳电子系。

而且，他不仅把自身做到最好，也广泛辐射周围同学。坚守三年行政班班委，历任“钧业班”、“林为干班”班委和 2017 级导读。曾先后向在校三个年级的学生开展 4 场讲座，向浙江、安徽两省高中生进行 7 次分享会。当他把 Switch 带到马原课堂上投影到幕布上开始论证真理的时候，让同学们明白了卓越和高度自律之间的紧密联系。金楚丰三个字在同学们的字典里已经和卓越等同了，再多的语言都是苍白的。

他说：“成绩一时决定脚步踏在何方，但只有心能决定在这条路上走多远。”

刘意 微电子科学与工程专业

从经管转专业到微电子，对于他而言也只是换个地方拿第一而已。刘意连续三年保持综合素质专业第一，连续三年获得国家奖学金，大学四年共获得包括集成电路创新创业大赛 IEEE 杯全国一等奖、中国大学生数学竞赛全国一等奖、美国大学生数学建模竞赛 H 奖在内的国家级奖项 5 项、国际级奖项 1 项、省级奖项 4 项以及校级奖项 13 项。以成绩排名专业第一、综合排名专业第一的成绩获得香港科技大学全额奖学金直博的机会，并被提名推荐至香港博士最高荣誉“香港政府奖学金”候选。

优秀的人之所以优秀正是因为他们有能力给其他人以激励，促使大家共同进步。刘意作为芯动力工作室主要负责人，带领工作室 6 名同学参加集成电路创新创业大赛、电子设计竞赛等各种竞赛，2019 年工作室团队共获得国家级奖 2 项、省级奖 2 项。此外，刘意不管是在经管学院还是在电子学院都积极参加了班级建设工作。在经管学院期间，他担任了班级学习委员，开展“微积分线性代数”讲堂，促进班级形成了良好的学风。在此期间，班级平均分位于全院第一；在电子学院期间，刘意担任了微电子六班团支书，为班级建设出谋划策，班级成绩专业第一，两年获得“优秀班集体”的称号。一片丹心图报国，对于未来，他想得更多的是积累知识，争取为我国的芯片事业做出自己的一份贡献。正是有这样的青年才是我们国家愈加强盛的真正原因！

王子瑞　微电子科学与工程专业

王子瑞对历史抱有浓厚的兴趣，是一个真真正正的“工科学校里的文科生”。“书卷多情似故人，晨昏忧乐每相亲”是他对书的态度，“腹中书万册”则是对他文学素养的最佳体现。他曾担任电子科技博物馆学生副馆长，通过自己平常阅读积累的知识给参观者们讲解电子科技的发展历史。也曾担任“织梦支教队”策划部部长等职务，在此期间，支教队荣获共青团中央表彰。

三更灯火五更鸡，正是男儿读书时。凭着这种精神他两次获得国家奖学金，连续两年被评为“校优秀共青团员”，还获得了美国大学生数学建模竞赛H奖、全国大学生数学竞赛省二等奖和全国大学生英语竞赛三等奖，以专业排名第二的成绩获得北京大学直博的机会。除了完成课程学习，在老师的带领下，他参与了题为“基于人工智能的GaN半导体器件建模与设计自动化研究”的四川省科技厅重点研发专项；他还参与了在郑州举办的IEEE International Symposium on Next-Generation Electronics（ISNE 2019）会议并作口头报告。本科期间，王子瑞在*IEEE Trans. Electron Devices*，*Micro Nano Lett*，*Nanoscale Res. Lett*等期刊共发表SCI论文5篇，其中学生一作一篇。时间对于每一个人来说都是公平的，而他却用同样的时间做出了远超常人的工作，更是将这些工作做得无可挑剔。他告诉我们无论时间剩下多少，只要决定去做一件事就一定能做好！

张季聪　电磁场与无线技术专业

从进入大学校园开始，张季聪就以高标准严格要求自己，全面发展。学业科研上，他勤奋努力，学习成绩和综合成绩均位列专业第一，曾连续两年获得国家奖学金，连续三年获得一等优秀学生奖学金。参加全国大学生课外学术科技作品竞赛获得国家三等奖、四川省一等奖，发表UCMMT论文5篇。在工作生活中，他恪尽职守，曾担任班级文体委员、宣传委员、党支部组织委员、副书记、班导生以及院学生会学习部副部长，为学院、支部的发展贡献力量。“院优秀共产党员”“校级优秀团干”“校级优秀团员”“校级勤工助学优秀个人”，一个个荣誉称号是对他工作能力的极大肯定。文体方面，他多才多艺，且有着强健体魄，无论是演讲、唱歌，还是体育比赛，领奖台上都有他的身影。他还曾先后入选“启梦留学计划”“樱花科技计划”，获得全额资助前往海外4所高校交流学习，先后在3所中科院研究所交流实习。他始终保持昂扬的精神投入到学习、工作和生活中，做到了德、智、体、美、劳全面发展。他正是用自己那如太阳般的热情，使学习这朵鲜花在绿叶似的生活的衬托下开得愈加美丽。

高翔　电波传播与天线专业

男儿志在四方，而参军恰为其首。高翔从小就有一个参军梦，高考时他报考了电子科技大学的国防生，在被录取的那一刻，儿时的梦想便如火把般被点燃，继而熊熊燃烧。平生一顾重，意气溢三军！

不仅如此，他在学习上从不懈怠，不断提升自己的专业素养。大学三年，GPA3.89，综合成绩排名专业第二，先后获得唐立新奖学金、校优秀学生奖学金。他潜心科研，跟随陈益凯教授进行双频带基站天线的设计，负责天线仿真工作。同时在数学建模竞赛中也两次获奖。高翔不仅在学习上取得了耀眼成绩，在学生工作中也大放光彩。从国防生模拟营政治指导员到立人班组织委员，再到党支部副书记、“校优秀团干”“社会实践优秀个人”“优秀共产党员”，他的统筹能力可见一斑。他还积极参加各种实践活动，并获得了“校社会实践优秀个人”“优秀实践团队”“校优秀国防生”“国防生学习标兵”等诸多荣誉称号。思想积极向上，成绩名列前茅。从学习、科研竞赛到学生工作，再到社会实践，各种奖学金、荣誉称号多如星辰照耀他继续勇攀高峰。

最精彩的青春，莫过于全力以赴追逐梦想。那些汗水，那些忍耐，那些坚持，都是青春的写照。相信每个在追梦路上坚持不懈的电子人都能心有所成。

加油，追梦的电子人！

越努力，越优秀！

文丨鲁娟 赵一尚
整理丨左越

电子学院2020届省级优秀研究生毕业生

大家一定记得那个金桂飘香的九月，那一年我们来自全国各地，相聚在天府蓉城的电子科大校园内，而时光如白驹过隙，不等人细细品味校园生活的个中滋味，毕业就已经悄然临近，可在最终迈出校园大门的那一瞬间，怎样的自己才能不负匆匆时光，坦然奔赴人生下一个站点。电子学院2020届的省级优秀毕业生们，他们的经历或许能够给你我启发，让我们全力以赴，成为更优秀的自己！

行者无畏，不甘平凡
——赵凡

极高频复杂系统国防重点学科实验室

导师：程钰间

奖学金答辩的现场，赵凡说，虽然她名字里有个“凡”字，但她希望自己不会平凡一生，希望能坚持理想，做更好的自己！研究生期间，在毫米波及太赫兹天线领域，赵凡连续两年获得国家奖学金，并多次在国际会议发表论文，并以第一作者、学生作者共计发表、录用论文4篇，其中1篇为*IEEE AWPL*期刊论文（SCI）。

研二学年的时光忙碌而充实，这一年中她除了自己的科研工作以外，还担任了所在党支部的支部书记，而要做到同时兼顾这两个工作，需要耗费较多的时间和精力。但是，她说，作为新时代的一名研究生，必须要深刻意识到提升自我竞争力的重要性，专业能力需要提高，同时综合实力也需要提高。同时，应该合理地规划时间，做到高效科研与工作，全面发展。

赵凡说令她感触最深的一部电影是《三傻大闹宝莱坞》，“电影中幽默诙谐的剧情无时无刻不在告诉我们人生的意义和价值。我们每个人都具有可贵的品质，而在学习过程中最重要的就是我们要最大限度发挥自己的长处，心中要有必胜的信念。尤其是主人公兰彻常说的一句话：‘All is well（一切顺利）’。其实没有什么可以击垮我们，即便是遇到重重挫折，也要心存希望。”

我们大多都生而平凡，但是既然同赴大学之道，是不是也应当潜心如行者，虽踽踽独行，但心中所向，唯有星辰大海，而后思之远，其行至远。也许，有时候理想和现实之间存在一定的落差，但是我们都应该坚持下去，竭尽全力为自己的梦想而奋斗，只有一次又一次地跌倒又爬起，才能让我们学会竞争，学会生存，学会长大。

毕业去向：

普联技术有限公司

毕业寄语：

愿大家在未来的日子里：

有所信、有所为、有所守；

以理想为舟，执热血为桨；

在人生的海洋中扬帆起航，劈波斩浪；

今不负昔，则未来可期，追求卓越，成功就会在不经意间悄然而至。

生如逆旅，一苇以航
——杨洋

功率集成技术实验室

导师：罗小蓉

杨洋在研究生期间获得国家奖学金一次，学业一等奖学金两次；在集创赛西南赛区中获得三等奖；以学生第一作者身份在 *IEEE Transactions on Electron Devices* 上发表 SCI 论文 1 篇，申请发明专利三项，授权一项。杨洋学长不仅在功率器件领域成果颇丰，也是一名即将毕业的数字芯片设计工程师。

谈道给学弟学妹的经验，杨洋说："所有的付出，最终都会以不同形式回馈给自己，努力可能比天分更加重要。求学途中，我们应当有明确的目标，但这并不意味着除此之外我们不需要学习其他的知识技巧；在到达目的地之前，没有一成不变的方向，探索让过程更加曲折，而曲折让生活更加丰富，那些我们努力过的，都会以另一种方式归来。"

也正如他感触最深的一部电影《阿甘正传》，"人生苦乐相伴，不同的生活态度有不同的结果，但只要积极向上，不畏风雨，不忘初心，砥砺前行，就一定会在平凡的世界里走出不平庸的人生。"

毕业去向：

上海华为公司

毕业寄语：

韶华易逝，勿负时光。

道阻且长，心之所向
——凌荣勋

功率集成技术实验室

导师：罗萍

研究生期间，凌荣勋三门学位课成绩 90^+，获得国家奖学金，发表 ISPSD 国际会议论文一篇，申请专利两项。凌荣勋不仅在学术上成果颇丰，在竞赛方面也获得了集创赛一等奖、芯原杯二等奖。同时，在新传记者团，凌荣勋还乐于帮助成员们，知无不言，言无不尽。

在问到对学弟学妹们的建议时，他这样说："第一，研究生时期要尽早实现从学习型思维到实践型思维的转换。本科时期以学习基础理论知识居多，而研究生阶段需要更多的探索未知，我们在学习已有知识的同时，也要常心持怀疑，做到在实践中不断试错并修正。第二，善于规划，做事有目的性。研究生阶段，学业、科研、比赛等很多都需要我们去关注，常常分身乏术。每个人读研的目标都不太一样，因此，我们需要对自己的未来有一个比较明晰的规划，也要有一个看起来还挺正能量的近期目标，以免蹉跎时光。第三，身体是革命的本钱，强健的体魄和乐观的心态是我们最大的财富。总的来说，努力学习，踏实科研，好好吃饭，劳逸结合，做一个快乐的研究生才是最棒的。"

学海漫漫，我们取得的成果与进益并非一蹴而就，怎样能在相同的时光中活出不一样的精彩，需要我们慢慢思考与体会。

毕业去向：

上海复旦微电子集团股份有限公司

毕业寄语：

你来人间一趟，你要看看太阳。

如诗岁月，追梦逐光

——戚蓝月

太赫兹团队

导师：牛新建

戚蓝月研究生期间，在学业上，三次获得学业一等奖学金；在学生工作方面，2017 年 9 月—2018 年 7 月担任电子学院研究生会实践部部长，2018 年 9 月—2019 年 7 月担任电子学院研究生会副主席并两次获得“优秀研究生干部”称号；在科研学术方面，在第 44 届国际红外毫米波会议（IRMMW-THz 2019）上发表论文一篇，第 12 届中欧毫米波和太赫兹技术研讨会议（UCMMT 2019）论文收录一篇。

对于学弟学妹们，戚蓝月说：“希望大家能够好好学习，多多参加一些课外活动、实践活动，多认识一些志同道合的朋友。同时，大家要珍惜校园时光，有适合的人一定要勇敢追求，校园恋爱是美好的，不要空留遗憾。”

“最后希望分享给大家一首歌《Turnin&apos》，这首歌是一首励志之歌，常常在我失意的时候为我加油打气，我还有梦，尚待实现”，戚蓝月说道。

地球还在旋转，太阳也照常升起，我们有梦就要勇敢实现，不负自己，不畏将来。

毕业去向：

四川省选调生

毕业寄语：

愿有岁月可回首，愿有前程可奔赴。

恪己躬行，以身作则

——纪东峰

毫米波技术与系统应用

导师：樊勇

作为一个在成电学习了 10 年的老成电人，纪东峰见证了成电的 10 年发展，同样成电的一草一木也是他不断奋进路上的见证者。问及成功秘诀时，纪东峰告诉我们：更多的是自己的踏实和努力造就了今天的自己。自研究生入学以来，纪东峰就不断追求进步，并将“每天进步一点”的理念贯彻到生活学习中。除了每天坚持文献阅读，养成良好的科研习惯，纪东峰还勇于创新，积极参与申请专利的文稿和学术论文的撰写工作，在张波教授的鼓励和指导下，在 2014—2015 学年以第二发明人身份申请国家发明专利 8 项。迄今为止，共撰写发表高水平论文 7 篇（4 篇为 SCI 检索），申请国家发明专利 12 项（已授权 9 项）。因优异的成绩，纪东峰获得了国家奖学金两次、唐立新奖学金、“中国电子科技集团公司—电子科技大学一等奖学金”等优秀奖项。

2013 年被保送本校研究生之后，纪东峰为了锻炼自己，申请在学院研究生科做助管。受辅导员的感染，他于 2014 年积极主动参与了研究生微波工程系第六党支部的党支书竞选，并当选为党支书。在党支书任职期间，他带领研究生微波工程系第六党支部在当学年获得了“校级先进党支部”称号，并在往后的三年中协助支部保持先进性，连续获得“校级先进党支部”称号。

从本科的班级团支部书记到研究生科的“小助管”，到研究生学生党支部的党支书，再到第一届学院研究生党建委员的副书记，纪东峰参与并组织了许许多多、大大小小的活动，在活动中践行着“行之以躬，不言而信”的信条，做到严以律己，以自己为行为模范，形成榜样，从而带动身边同学。2017 年，纪东峰被选为学生代表参加中国共产党电子科技大学第九次代表大会。同时，因为表现优秀，连续四年获得“优秀研究生干部”称号、第一届星光 EE“最佳人物”“电子科技大学优秀研究生党支部书记”“优秀共产党员”等称号和奖项。

作为一个已经在外联合培养大半年的博士生，纪东峰在国外积极与外方导师和实验室的师兄进行交流，了解国外的科研方式、方法，以及科研管理经验，并与国内的科研经历进行对比，总结自己的不足，进一步养成良好的科研习惯，拓宽科研思路。特别是在导师和师兄的启发下，学长对养成良好的科研撰写记录有了充分的认识，每天晚上他会抽出一点时间将自己的想法写下来，达到每天积累的效果。

毕业寄语：

成功也好，失败也好，都不过是人生路上的一道风景。只有做到了顺境不骄傲，逆境不气馁，在平平无奇中努力前行，才能在平淡之中创造出属于自己的奇迹。我一直认为："努力或许不会有收获，但是不努力肯定不会有收获！"

不忘初心，不舍昼夜

——黄建文

电子功能薄膜与器件研究室

导师：李言荣

黄建文在研究生期间，以第一作者、共同第一作者、通讯作者身份发表高水平SCI论文13篇，授权国家专利3项。谈及研究生经历时，黄建文如下说道。

我是本校硕博连读生，读研早期，我在学术上思路还很不明确，算是"水硕"大军的一员。但是，在研二时，人生轨迹的转折点出现了——我有幸去苏州大学能源与材料创新研究院交流学习。在这段时间，我培养了基本的科研素养与学术能力，同时我的学术启蒙也是在这段时间产生的。因此，我很感谢熊老师提供给我的机会和整个研究生期间各位导师对我的培养。

回归成电后，由于学院搬校区，我有幸参与到整个实验室的建设，这段经历为我未来的发展积累了宝贵的经验。科研成果总是时间堆积的产物，没有时间的投入就没有硕果的产出。数不清多少个夜半灯光下的坚持，才炼成现在的执着；也记不起多少次饕餮大餐，才缓解对科研坎坷的怨愤。很庆幸，临近毕业，我还是个阳光开朗的学术青年。

对于即将走上科研道路的同学们，希望你们能提前一些明白，读研究生，努力必不可少，不劳而获的事情在实验研究中是不可能出现的。科研原属勤奋人，但只会埋头努力，而不走出去交流也是不对的，思维的碰撞才会擦出耀眼的火花。

毕业寄语：

处理好师生关系，平衡好科研与生活，日子总是会快乐很多。

世界爱我，我亦爱它

——汪海琪

电子功能薄膜与器件研究室

导师：陈远富

汪海琪在研究生期间，获得过一等学业奖学金、国家奖学金、"优秀研究生荣誉称号"，发表了SCI论文3篇，同时还担任过电子科技大学电子科学与工程学院研究生第八党支部组织委员。

汪海琪学姐说，她最喜欢的一部电影是《飞屋环游记》。"这是一部感人又温馨充满正能量的动漫电影。故事开始对于老夫妻相知相爱到分离的讲述，泪点满满。这部电影是送给所有老人的寻梦之旅。虽然我们年轻时的梦想因为现实的原因而一再搁置，但是当我们'垂垂老矣'，仍应该带着孩子般的能量去追寻爱情，放飞梦想。"

对于学弟学妹们，学姐说到："要多学习，为自己的专业知识打下扎实的基础。除此以外，要养成习惯每周规律性地锻炼身体，要多培养兴趣爱好。"

当我们用心对待生活的时候，也总是会获得不经意的惊喜与馈赠。

毕业寄语：

努力做一个有选择权的人，用真诚、努力和坚持去对待学习和生活，接受生活的馈赠，实现人生的可能。

登高望远，持之以恒

——毕亮杰

微波毫米波技术及纳米材料应用

导师：蒙林

毕亮杰在研究生期间，以第一作者、第二作者和通信作者身份发表了高水平 SCI 论文 5 篇，博士期间获得两次国家奖学金、一次一等奖学金；

毕亮杰在采访时谈道："我喜欢做事，硕士期间担任班长，并获得优秀研究生干部称号。在学术方面，我努力学习基础知识，广泛阅读文献，通过对文献中知识的思考和归纳，培养自己的创新思维。之后，在林教授和殷勇教授的鼓励与指导下发表了一些研究成果。现在，赴国外联合培养，我不仅学到了很多新的知识，更掌握了许多做研究的方法和思考问题的方式，这让我重新审视自己，对自己以往的科研方法和习惯注入了新的思路，更上一层楼。"

对于学弟学妹们，毕亮杰说："人生会遇到很多困难，最重要的是要相信自己和坚持不懈的努力，拥有这两种心态才能不断提升自己，克服困难，收获果实。"

毕业寄语：

相信自己，在这个基础上坚持不懈地做好自己的事，就会不断进步，收获成功。

蕙质兰心，砥砺前行

——陈英兰

微波电路与微系统集成研究室

导师：陈瑜

采访时，陈英兰说："机会永会留给有准备的人。"这样的道理，或许我们听过太多遍，那么如何去准备，如何知道自己是否准备好了，陈英兰的经历或许可以告诉你答案。

陈英兰连续两年担任党支部宣传委员，所在党支部获评校级"优秀党支部"称号；获得一等、二等学业奖学金和国家奖学金各一次，发表期刊论文 1 篇；申请发明专利 4 项，已授权 1 项，登记软件著作权 1 项；同时，在科研团队生活中，积极乐观，与老师同学相处融洽，主动承担教研室团建的组织工作。

陈英兰喜欢读《邓小平传》，她说："这部传记揭示了邓小平的成长之路，特别是揭示了他走向成功的个人思想。在他每次遭受挫折的时候，都没有悲观消沉或随波逐流，而始终保持着坚定的政治信仰和积极进取的人生态度，这为我的成长提供了宝贵的人生启示。"

毕业寄语：

愿有前程可奔赴，亦有岁月可回首。

坚持梦想是一件辛苦的事，但青春一场，愿我们都能拥有滚烫的人生！或许所有改变现状的转机都会出现在"此时想要努力一下"的此时，希望我们能有更多的此时，同时把握好每一个当下，更加努力，我们总会优秀！

记成电杰出班级 2016030106 班：

厚德以求知，博学以践实

文 | 侯迪璨

电子科学与工程学院（示范性微电子学院）本科 2016 级微电子科学与工程六班（以下简称“微六”）秉承“厚德以求知，博学以践实”的班级创建宣言，积极建设“思想引航，学业领衔，科研突出，氛围浓厚”的优秀班集体，希望每一位同学在未来的征途中能够独当一面，成为社会的栋梁之材。在微六这个大家庭中，团结协作是一种习惯，积极进取是一种班风，每个人都是点点星辰，在大学四年的磨炼中，逐渐汇聚成一片璀璨星空。

班级加权平均分 81.11 分，奖学金覆盖率 67.9%，包揽学院 2/3 的国家奖学金，总金额达 15.5 万元。

班级 13 人获保研资格，省级优秀毕业生 2 名，校级优秀毕业生 5 名，5 人直博香港科技大学、北京大学等名校。

班级成员发表 SCI 论文 7 篇，其中学生一作 4 篇，EI 论文 5 篇，核心期刊 1 篇，累计发表论文 13 篇。

班级合影

学习帮扶，共同进步

在大一下学期，微六就成立了“学习帮扶小组”，用于帮扶班内学业成绩稍靠后的同学。组内同学时常约自习，相互鼓励、相互帮助，在实现学业成绩提升的同时，也收获了友谊。张 XX 曾经是一个爱打游戏，只喜欢吃喝玩乐的同学，在大一上，他的成绩一落千丈。“我不出意外地进入了‘学习帮扶小组’，不愿意去图书馆的我被同学拉着去自习，我逐渐爱上了这种充实的感觉，手里的‘王者荣耀’突然就不香了。功夫不负有心人，在大二学年我成绩突飞猛进。”张 XX 这样说道。

其实在微六，像张 XX 这样的同学还有很多，他们大多是刚上大学时就迷失了方向，没有找到目标，沉迷于游戏，是微六让他们这些“网瘾少年”蜕变成坚定的“微电子人”。

微六人的大学是受挫而不短志，我们都曾默默无闻，但势必一鸣惊人。

学习帮扶小组

致力科研，奋战学术

在大二，微六成立了科研小组，为热爱科研的同学提供了一片沃土。相比于平时课程的学习，同学们在科研上遇到了更多也更难以解决的困难和挫折。“世上无难事，只怕有心人。”微六人齐心协力，开展主题讲座，分享科研文献，钻研软件学习，合作解决疑难。

保研小组

微六共 17 人参与科研学习，其中 5 人以学生第一作者身份发表 SCI 论文，累计 13 篇。

微六人的大学是孜孜以求，不懈探索。

志愿服务，奉献社会

在大一下学期，微六就成立了公益实践小组。大一时的班级养老院义工经历，在微六人心中埋下了奉献的种子。此后的三年里，这颗种子不断生根发芽，在微六这个集体中茁壮成长。

志愿服务小组

“我坚持一年为科大附小的孩子讲解安全课程，组织参与‘大学专业说’、‘星火传承库’等 7 个志愿活动，带动班级 10 人参与暑期支教活动。如今，我加入研究生支教团，将前往甘孜康定支教一年。扶贫必扶智，我想用我微薄的力量去丰润孩子们飞翔的翅膀。”曾奕嘉如是说。

家国情怀，是微六人的广阔胸襟；天降大任，是微六人的使命担当。在公益实践小组，班级参与义工、挂职等公益实践 19 项，参与率 100%。微六人将以青春之我、奉献之我，与时代同前进，不辱使命、不负期望。

微六人的大学是服务与奉献。

学科竞赛，彰显风采

在大二，微六成立了竞赛小组。热爱科创竞赛的同学在微六找到了一片沃土。同学们对科创竞赛从人人一无所知到个个得心应手，日日奔波于两河之间，夜夜与灯火为伴。相约讲座，分享资源，一同参赛，齐心解难。“我们竞赛小组参加全国大学生集成电路创新创业大赛，同来自清华复旦的研究生同场竞技，获开赛以来唯一本科生组一等奖；我代表四川省参加全国大学生数学竞赛，斩获四川省唯一的国家一等奖。”刘意同学这样说道。

竞赛小组

小组参加美国大学生数模竞赛（以下简称美赛）、数学竞赛等各类竞赛，斩获奖项十余项，班级荣获校数学竞赛优胜班级，全组成员均获保研资格。因为热爱，微六人追求极致，突破一个又一个不可能！

微六人的大学是挑战与突破。

班会合影

在微六，团队是一种力量，科创小组、竞赛小组、志愿小组、考研小组，每个小组都是一把尖刀，将微六人的锋芒展现在各个地方。

在微六，家国是一种信仰，微六人立志做奋斗者、追梦者、圆梦人，为中国微电子产业发展增砖添瓦，用一生扛起这“天降大任”担当！

困于心，衡于虑，而后作

——专访电子学院硕士毕业生张宣

文丨赵一尚

张宣，电子学院功率集成技术实验室（PITEL），2017—2018 电子学院新闻传媒中心新媒体部部长，主要研究方向为模拟 IC 设计及电源管理，并以学生第一作者身份发表国际会议论文 3 篇、国内核心期刊 1 篇（《电力电子技术》）；以合作作者身份发表国际期刊 2 篇（TCAS I, TCAS II）；以学生身份申请中国专利 3 项及美国专利 1 项。2019 年 6 月毕业，就职于矽力杰半导体技术（杭州）有限公司，担任 Design Engineer。

从“那块屏幕”到成都

我是成都人，但并不是从小就在成都，而是生活在凉山州。高中求学的时候，正好成都七中在偏远山区推行远程教育，就是前一段时间网上比较火的“那块屏幕”，而我和我的同学就是当时的第二批“实验品”。那个时候的课程安排是上两次课，一次是成都七中的老师，一次是本部的老师，一直从早上 7：15 到晚上 10：40，周末的休息时间也仅仅只有周六晚上和周天早上，时间安排得非常满，完全没有减负的概念，所以刚刚进校的时候，英语是跟不上的，很少及格。不过经过自己半个学期甚至一个学期的不懈努力，成绩还是有了很大的提高。而这些持续性的进步会给自己一种信心，就是通过自己的努力，我们完全可以缩短自己和大城市孩子之间的差距，同时也感觉到走出凉山州、进入大城市是有希望的。

即使现在网上有些自媒体还是会说这种远程教育可能徒有其表，并没有实质上帮到偏远山区的孩子们，但是就我自身的感受而言，尽管“那块屏幕”不可能让一直在教育水平较差的学习环境中成长起来的孩子们成绩突飞猛进，但是起码在眼界和信心上是有很大帮助的，而且它会告诉我们一件事，就是“大城市里资源比较好的孩子受到的教育也没有那么神秘，而你的出身也不会决定未来的一切”。

从电子科大到 PITEL

我的科研能力在学校“211 大楼”的 8 楼可能只能算是中等水平吧，主要研究方向就是 GaN 器件的驱动。如果说到经验，和专注科研的大牛不太一样，我研一和研二的精力更多是投入到电子学院的新闻传媒中心（以下简称新传）。其实，新传本身的事情是非常多的，但是作为研究生又不可能因为去参加学生活动或者社团组织就减少科研上的任务，那也就意味着我会牺牲很多休息时间去完成需要做的工作。而且我的三篇文章都是会议文章，相比较于期刊文章，工作量就没有那么大，准备时间也比较短。

谈到发表文章，第一点我觉得写文章更像是讲故事，也就是要讲清楚文章的背景是什么，我们设计的目的是什么，想法是什么样的，而且对于模拟 IC 来说，更多的是要讲清楚你的设计是怎么契合你的需求的。第二点我认为每个人写文章的方式是不一样的。于我而言，一般会在写文章之前和老师把这篇文章的架构和思路先想好，以及文章中需要的图表等都敲定下来，然后再去做。等到完成的时候就发现写文章的过程其实很短。如果前期准备够多，写文章也就是一气呵成的事情。

张宣与导师明鑫老师的合影

张宣与教研室同学的毕业合影

张宣与教研室同学的毕业合影

对于教研室的项目研发这部分，一个人是不太可能独立去完成的，多数情况下大家一起协作才是一种高效率的模式。这样看来团队和平台的作用就比较重要，就像是新传我们发的推送稿，每一期每个月的阅读量可能都会有不同程度的提升，但是这也不一定是因为写稿的人水平提高得有多快，而是我们大家站在学院这样一个平台上，能够各自发挥长处并且不断进步，最终得到的一个结果。

在研究生阶段，我收获最大的应该就是学会怎么孤独地去工作。虽然之前说做项目应该是很多人一起，但是其实自己做的东西，真正的很多细节应该是只有自己清楚的，老师和同学只能是在方向上很宏观地给予你一些帮助，更多的时候还是自己一个人在孤独地奋斗。尤其是研二的时候，大概是我研究生最忙的一个阶段，但是那个时候成长也最多，心态历练得也很多。在这个阶段，对我影响最大的人还是我的导师（明鑫老师）。和别的老师不太一样，导师对我的帮助不仅仅是科研和学习方面，更多的是决策上的指导，他会给我讲一些业界动态以及前辈们的发展历程……当时给我的启发还是很大的，至少是在视野上是开阔了很多，改变了我很多不太成熟的看法。对我来说，导师应该是对我影响最大的人。

当然我也不是那种整天只会埋头科研的人，我的生活其实非常丰富，喜欢健身，喜欢养小动物，很遗憾的是之前养的小仓鼠已经老到去世了。记得之前得到它也是一个很偶然的机会，在“清水河畔”上有人发帖，我就去清水河那边把它收养过来，大概养了两年多。仓鼠应该算比较好养的，平时只要给它吃的喝的就可以，它平时的生活习性属于比较懒的那种，除了吃就是睡，或者就是跑跑轮，而且不太能见光，见了光会害怕，可能就是一只“肥宅”，而且比较好打理。

我也喜欢和教研室的小伙伴们一起出游，研究生在 PITEL, 大家收获的都不仅仅只是知识和科研能力，更多的是结交了很多的良师益友。

我就是那只小仓鼠

张宣与教研室同学一起去玩蹦床

从电子学院到新闻传媒中心

进入电子学院之后，我算是扎根在新闻传媒中心了。新传是伴随了我整个研究生生涯的学生组织，我关注着它的成长，关注着每一篇推文。那时候每个刚加入新传的人，都是有很多想法的，并且都期望在这个平台上传递给更多人看，我当时也是抱着这种初衷加入的。

只不过在我加入之前，新传的操作模式和现在的不太一样，当时是每个月固定几篇推送，然后这几篇推送是一个大团队在做，但是大团队做一篇小推送是有些浪费的，容易导致工作量集中在比较积极的一小群人中，最后反而会影响团队的整体活跃程度。之后的新传进行了改革，变成了现在的项目制，由每个小组负责推送，我们算是第一批实施的，这样一来很大程度上提高了大家的参与度，推送也变得更有效率。

在加入新传之后，有时会觉得新传之前的推送有点过于严肃和正经了，而我们希望“微观 E 事”的每周推送能更亲切、更贴近学生的日常生活，所以当时几个项目组就倾向于推送一些掺杂了一点自媒体感觉的，比较活泼的内容，而且通过这样的形式去展现学生丰富多彩的生活也更合适一些。也是受这个影响吧，后来新传的推送整体上也会带有这种自媒体的风格。

但是，这种夹带特别多个人情感、特别想做的推送，也存在一些问题，用现在的话说就是可能有点“夹带私货”，有一点偏个人了，而实际上新传做的推送应该是结合自己的情感的同时更多要表现学生们的生活，比如之前有一篇是关于毕业论文格式的推送，那个时候正好我们毕业的时候论文格式卡得很严，反反复复修改了很多次，当时大家因为这个都很紧张焦虑，不只是做推送的同学，也是所有毕业生的一个共同感受，我们最后把它推出来，调侃了一下这件事，加上大家也比较感兴趣，所以最后的效果也很好。

对于新传的活动和平时的学习我基本上是交叉进行的，就是看哪边的事情更急一些，更有时效性一些，就先去处理哪边的事情，如果说两件事都立刻需要处理，那只能多花时间，比如晚上晚点走或者牺牲一些休息的时间。其实，和之前我们谈到的一样，研究生简历上写的内容，多数情况下不是凭借一个人的天赋或者运气得来的，更多是大家在时间上的付出，付出和回报大体上是成正比的。

张宣在教研室的办公桌

在新传这几年，我们每年都在出版属于自己的“微观 E 事”，每位新传人都对此引以为豪，而我最喜欢的可能是 2018 年的《微观 E 事・启航》，有种承前启后的寓意。其实“微观 E 事”现在能够容纳之前学校最大的三个学院的宣传部门，并且在这个平台的基础上继续走下去，肯定是一个很好的事。据我所知，2019 年“微观 E 事”的主题是“使命”，如果说结合今年发生的一些事情来看，我觉得 2019 年就华为被美制裁所作出的系列回应，已经很好地表达半导体行业中“使命”这一命题了。也许会有一些偏激的个人甚至媒体觉得制裁应该是相互的，甚至会有些排外的思想，但任正非看待美国的公司和芯片的态度是非常大气的，科技的深度和广度不容许我们孤立于世界。其实，这也是我们这个行业需要明确的一个问题，虽然大家都肩负着“中国芯”的使命，但是也还是要认清差距，而且从根本上来说电子行业是没法脱离全球化的，也不是某一个国家就可以搞定的产业。

最后想要对新传的学弟学妹们说，希望你们坚持从我们的标语（slogan）出发，真正地感悟到“我见，我思，我分享”的新传精神，平衡好自己的科研和新传的工作，找到自己的生活方式，最后有所收获的时候才能找到属于自己的那份成就感和快乐。

斩获名校录取通知数十，弃百万奖学金，看全奖直博港科大的电子学霸如何逆袭成功

文 | 孔双峰

“只要专注，每个人都有可能在某一个领域做得出色。但真正难得的是能够全面发展，在每个方面都能取得独树一帜的成就。”在如何看待优秀这个问题上，瞿林平如是回答。“在大一接触‘钧业精神’之前，我觉得在学业领域上达到优秀就可以了。但受到“钧业精神”的熏陶之后，我就立志要做一个综合素质强、全面发展的优秀人才。”

——瞿林平

人物简介

瞿林平，电子科学与工程学院2015级微电子科学与工程专业本科生，电子学院钧业三班成员，四川省优秀毕业生，唐立新奖学金获得者，全国数学建模竞赛一等奖获得者、美国数学建模竞赛M奖获得者，学院发展委主席、优秀志愿者，并收获了香港科技大学、北京大学、上海交通大学等十余所高校的offer（录取通知书）。这上面的每一个头衔（title）都让人心驰神往，并完美地融合在了瞿林平一个人的身上。但当他自己谈起时，却仍旧最感激栋梁工程基地班——钧业班的培养。“是‘钧业班’让我在心底种下了全面发展的种子，让我想要通过自己的努力，去变成一个综合素质优异、全面领跑的人。”

学业为本，华丽逆袭

“做一个综合素质优异、全面领跑的时代帅才。”大一下，瞿林平进入了电子学院校级立人班“钧业班”。“钧业班”班名来自老“三系”首任系主任毛钧业教授之名。毛钧业教授从原交通大学来到初建的成电，为半导体学科和人才培养奉献了毕生力量。“钧业”二字也是培养学生的目标，希望“钧业”班培养出的每名学生，都能成为所在领域重要的、有贡献的领袖人才。也是这个培养目标给瞿林平的心里带去了莫大的鼓舞。

他首先从学业课程上着手，这是每一位成电学子的“基本盘”，但这个过程却并不是一帆风顺。大一学年的专业第一，给他带去了许多荣耀，却也让他有些飘飘然。大二上学期的成绩一下滑到了专业26名，从而给他敲响了警钟。痛定思痛的他也终于沉下了心来，专注干好学习和发展委工作两件事。这用了他一学期并成功赶超。而有了这次教训，他也不断提醒自己要戒骄戒躁，时刻努力，坚持课上认真听讲，课后积极总结并和老师探讨问题。后续持之以恒地奋斗也最终让他的学业成绩单十分夺目：GPA3.95，专业排名2/175；大三结束时所修学分超过毕业要求近20分，并一举荣获唐立新奖学金、国家励志奖学金、华润微电子奖学金、“亿纬锂能”寝室长奖学金等多项奖学金。

最终在他本科毕业时同时获得香港科技大学、阿卜杜拉国王科技大学、北京大学、上海交通大学、浙江大学、中国科学院等十余所高校的offer，在经过研究方向和导师建议等通盘考虑后，他放弃了五年一百万奖学金的阿卜杜拉国王科技大学的offer。“其实当时还是很心动的，但是经过认真的思考，觉得可能研究方向和其他一些原因，还是要选择一个最适合自己的。”瞿林平这样说道。最后，他选择了5年共计80余万元奖学金的香港科技大学的全奖直博进行进一步深造。

尝试竞赛，探索兴趣

全面发展自然离不开竞赛经历的锻炼，“钧业班”的培养目标也一直

鼓励着瞿林平去进行这方面的探索。数学建模竞赛、大学生英语竞赛、“博雅”英语演讲大赛、环保知识竞赛、英语写作笔译大赛……凡是有兴趣的比赛，他基本都参加了个遍。所获奖项从校级到省级再到国家级，瞿林平始终一步一个脚印地前进着。

在众多竞赛中，瞿林平慢慢地找到了自己在数学建模上的兴趣，从大一坚持到大三，最终斩获2017全国大学生数学建模竞赛国家一等奖，入选全国优秀论文（全国仅5篇），并受邀参加了全国颁奖典礼。站在颁奖台上的那一刻，他感受到了代表学校的自豪和责任。而第二年瞿林平和国赛队友再次发力，获得2018美国大学生数学建模竞赛M奖（Meritorious Winner）。

参与一系列竞赛的宝贵经历让瞿林平积累了丰富的解决实际问题的经验，也为他在后续的科研经历中奠定了坚实的基础。

立志科研，奋斗青春

“培养担当民族复兴大任的行业帅才”一直是“钓业精神”的核心，瞿林平也一直牢记于心，结合学科和专业的强大背景支持，他选择了以科研作为自己奋斗的目标。于是，他积极和师兄师姐以及老师们沟通交流，在大三时开始进入教研室。而为了发现自己的兴趣，他广泛涉猎，先后在半导体器件、数字电路、器件建模、LED等领域进行过探索，并先后承担三项科研任务：先进半导体器件建模、多功能数字时钟设计、CT系统的设计优化，并发表一作核心期刊1篇——《基于图像重建算法的CT系统研究》，同时在器件建模工作中收获了台湾教授的推荐信。

科研上的广泛涉猎让他知识不断丰富，也因此找到了科研上的兴趣。这段经历也让他十分感慨，“我直博期间将继续致力于AI硬件领域的研究，科研上勇争先锋，做“钓业精神”的践行者，为国家的发展贡献自己的力量。”

胸怀天下，从己做起

“立足中国、面向世界”是“钓业精神”的要求。在社会实践和国际视野方面，瞿林平同样做得十分优秀。“钓业班的培养目标一直在鼓励我们，不要局限于理工科这些，要多接触接触其他方面，多走出去看一看。”他成为志愿队队员，大一整整一年服务于图书馆、火车站，获得“百佳优秀青年志愿者”称号。

他也担任过学院学生发展委主席，负责“讲师团”、数学建模、ACM、网络技术等四个部门的工作，开展部门培训、承办赛事、组织复习讲座，并创办了发展委公众号，首次举办PS创意赛、留学讲座等活动，被评选为“2017电子科大优秀团干”。

他在大一时入选“启梦留学项目”，获全奖资助赴日本交流学习，先后访学于东京大学、早稻田大学、千叶大学等日本顶尖学府，异国文化给了他很大冲击。

大三暑假参加香港科技大学交流营，他与来自上海交通大学、浙江大学等高校的 30 余名学生同台竞技，获得教授的青睐和录取资格。

大四全奖，瞿林平赴被誉为世界上最土豪的大学——阿卜杜拉国王科技大学进行科研实习，良好的表现获得教授的青睐和盛情邀请。丰富的国际经历让他受益匪浅，不仅打开了他自己的视野，还给了他将电子科大这张名片递出去的机会。 在阿卜杜拉国王科技大学实习的时间里，瞿林平充分展示了自己的精湛厨艺。

“来这里吃了两周食堂，受不了他们的食物了，就想自己做”，瞿林平说道，“一开始是什么都用老干妈拌，吃了两天有点营养跟不上，就逼着自己正儿八经地学”。 现在的瞿林平凉面、炒面、汤面、炒菜、炸鸡、炖汤、火锅都样样精通，甚至还成功腌制了四川泡菜。

学业成绩、竞赛经历、科学研究、学生工作、社会实践、国际视野，瞿林平在每个方面都竭尽全力去做到最好。

“全面发展和综合素质优异是我加入钧业班以来一直追求的目标，但在这个过程中却不是那么一帆风顺的。每当遇到挫折和困难时，我就会想起“钧业精神”，想起毛钧业先生创系时的筚路蓝缕。他们当时那么艰难都坚持下来，并取得了今天这么大的成就，我又有什么理由放弃呢？”而也正是这样的坚持和毅力，才让瞿林平取得了如今这样的成绩。

我愿做“钧业精神”的坚定践行者，为祖国的科研事业奋斗终生！

瞿林平也给学弟学妹们准备了寄语：

大学是一个舞台，提供了道具，怎么表演就看自己了。一定要好好利用身边的资源，全面拓展自己。不要怕事多，也不要怕做不好。一旦承担了很多任务，责任自然会逼着你把它们做好。要相信，一个人可以被毁灭，但不能够被打败。

问与答

Q1 这么丰富的经历，你是怎么做到的呢？

“首先要感谢学校和学院，给了我们很好的平台，让我有机会去拓展自己；其次要敢于去争取这些机会，不要担心自己时间不够或者做不好。没有什么是人扛不了的，相信自己，总会有办法的。”

Q2 在同时处理很多事情上，你有什么诀窍呢？

“我习惯把事情按照优先级一件一件的列在笔记本上，这样就不会忘也不会乱套。每做完一件事，就把它划去，非常有成就感。”

Q3 你是如何拿到这么多录取通知的？

“因为一开始不确定自己能保送到哪所学校，所以夏令营期间全国到处跑，得益于电子科大强劲的背景以及自己在学习和科研经历上的优势，所以都顺利地拿到预录取通知了，后来香港科技大学的录取通知也来了，沙特国王大学的实习通知也来了……”

Q4 你们宿舍氛围怎么样？

我们宿舍氛围算是非常好的，大家一起学，一起玩，彼此非常尊重。有室友要休息的话，其他人的动静都会自觉变小；开学和期末分别都会聚聚餐，生日也一起庆祝。良好的宿舍氛围与学习也是分不开的。

Q5 四年大学有什么感悟吗？

每每想到在成电的学习生涯只剩一学期，便有许多不舍，现在只想说一声感谢吧。首先感谢成电，提供了很好的平台和资源，不仅让我丰富知识，更是极大地开阔了我的视野，往往一个人的视野对于做决定起着巨大的作用；第二感谢老师，科研导师、任课老师、辅导员等，是他们的悉心指导，让我慢慢进步；第三感谢父母，支持我的所有决定；最后，感谢一直努力的自己。谢谢。

电子星力量

庄谨铭：刚毅果敢，游目骋怀

学院篮球赛冠军兼 MVP

钧业五班副班长、2017 级集电一班班长

庄谨铭始终相信，一名优秀的后卫应具备冷静的头脑、出色的大局观以及犀利的突破；并且，能够在球队遭遇危机时挺身而出，力挽狂澜。机会一出现，他一定牢牢把握，果断出手，**绝不犹豫**。这样的他，实力与气度兼备。从不松懈的他，将电子学院篮球院队成功打造成为了一只“猛虎之师”，**不放过任何一场胜利，不错过任何一个冠军**。

作为一名优秀的**班长，**庄谨铭“以一颗真正善良纯真的心去关心和问候同学；了解班级每个人的特点，同时关注他们的成绩”。相信，正是他无意中散发出的个人魅力，将自己的班级一次又一次地凝聚在一起。**当你想要收获，首先需要付出**。

刘炳杰：愿历尽千帆，归来仍少年

“讲师团”团长、2018 级工试五班导生

刘炳杰认为加入“讲师团”是改变自己人生轨迹的事情。少年应当多元尝试，因为惊喜可能就藏在努力的背后，在看不到光的小巷尽头。

“机会总是留给有准备的人。”也许打败比自己能力强的人的办法除了运气，更多的是态度。他说：**“现在的状态不重要，态度很重要**。林为干班的李泽宏老师说过，做事情不说最好要更好。”

刚加入“讲师团”时得到了学长的帮助和关怀，他看到了学长的**品学兼优和风趣幽默，**意识到学习不是自己的唯一任务，关怀他人、引导后来者仿佛在这个过程中就在他的心中生根发芽。这也是他作为一个导生、团长的**初心**。

邓至贤：信自己，坚定信念

科研、电子设计

参加两次**国际学术会议，**在国际微波年会（IMS）上做口头报告

大学是实现梦想的平台，实现自己目标的平台，为自己制订一个**目标，才会有规划，**有**行动。**

回忆起本科期间科研经历的时候，邓至贤谈到他在2018年发表的那篇IMS的论文。“当时在测试的过程中电路震荡了，我就连续在实验室睡了三四天，一直在想解决方法。”邓至贤说，当时在实验室待了几天，刚刚开始的时候有点烦躁，甚至做梦都梦到自己在测试。**每个人的成功都是不可复制的，最重要的是要找到适合自己的路。**当然，团队的帮助和支持也是很重要的动力。在比赛的时候，遇到困难是难免的，有时候遇到的困难自己想很久也解决不了，这时候老师和同学的帮助就有可能是解决问题的灵感来源。不过，前提还是要**相信自己，坚持下去。**

吴达豪：把艺术传承记作责任

竹笛、民乐团

赴坦桑尼亚及埃塞俄比亚进行文化艺术交流互动

在异域文化中，他感受到了埃塞俄比亚人民对音乐的热爱，深深陶醉于当地浓厚的艺术氛围中。他认为**非洲人民**对于传统音乐和乐器的保护力度是值得我们**反思和学习**的。他希望未来能够把握住更多类似的机会，同时也呼吁大家能够多出去走走，在文化与文化的碰撞中感受文化**多元化**的魅力。

“如果不把自己的空闲时间填满，它们可能就会白白流失掉了，不如用它们做一些有趣的事情，提高自己的实力，这才是有意义的。”正如吴达豪所言，大学生应该**合理利用**自己的时间，**提高效率，**在有限的时间里做尽量多的事情，**不负青春韶华，不枉美好青春。**

高翔：干脆，直爽，低调中又怀着朴素的热烈

国防生，为国防而生

出生在一个警察家庭的他，从小深受父母影响，儿时的梦想便是**成为一名军人。**初入学校，高翔所做的第一件事便是**“认清我自己”**。他是国防生，是预备军官，是将来要**保家卫国**的战士。“如果完不成这些，我就完不成自身的蜕变，就不能真正成为一个合格的国防生。”这样的信念激励着他，让他在艰苦的训练中得以坚持下来。

后来他又成为连指导员，于是他又变成全连99个兄弟的又恨又爱的大哥。“我首先要找到我的身份认同，我是国防生，我所做的一切都是为将来能**为国贡献，**履行我作为军人的使命。”集体是高翔心中最坚实的精神支撑。无论世事如何变迁，他仍是那个心中那个想要去**守家卫国**的少年。

大学有许多选择，不要让自己成为一名**苦行僧，**也不要迷失在选择之中。

微梦正能量

WEIMENG ZHENGNENGLIANG

竞赛榜样

赵元哲

微电子科学与工程专业本科党支部

● **主要事迹：**

从数学建模比赛到寝室文明风采大赛，再到运动会等各类竞赛，赵元哲“一步一个脚印走，一棒接着一棒干”。在美赛模拟赛中，他和队友相互鼓励，互相扶持，克服了一个又一个难题，也让看似不可能的事情成为可能。他曾担任 2018 级导生、辅导员助理、微电子党支部学生书记等多种职务，在奉献与服务中，将竞赛精神传递下去！虽不能像太阳一样光芒万丈，但他愿化作一道星光默默洒向大地。

● **正能量精神：**

世上只有一种英雄主义，就是在认清生活真相之后依然热爱生活。我们都得经历一段努力闭嘴不抱怨的时光，才能熠熠生辉，才能去更酷的地方，成为更酷的人。

实践标兵

谢明东

微波工程系研究生第二党支部

● **主要事迹：**

谢明东在担任湖州市南太湖新区凤凰街道科技特派员期间，协助基层党组织推进“生活垃圾精准分类”“城乡环境整治百日攻坚”等活动，并获街道党委书面表扬。此外，他还曾担任电子学院、生命学院的实习辅导员。他作为国内高校学生代表参加第二届重大挑战学者计划（GCSP）国际会议，参与第二分会场研讨会；并带队参加 2018 年全国大学生电子设计竞赛。他还担任第 20 届机械设计国际会议志愿者，作为南部县特殊教育学校志愿者协助特殊儿童群体完成康复训练，受到当地电视台报道；作为学生代表参加贫困学生走访，帮助被走访同学树立学习与奋斗目标。

● **正能量精神：**

立大志、爱祖国、敢担当、勇奋斗、强本领、树品德

实践标兵

游青

电波传播与天线专业本科党支部

● 主要事迹：

游青曾任职电子科技大学电子学院繁星公益协会会长，期间积极推广志愿活动，建立了志愿活动信息发布机制，完成了从志愿队到公益协会的转型。同校图书馆合作为行政班提供了大量的志愿服务活动；建立了与西华大学经管志愿队的联系；巩固了与顺江社区服务中心的合作，共同策划实施了“青少年品格教育课堂”“走进电子科技大学博物馆”等志愿活动，服务顺江社区上百人。2017 年暑假，游青作为国际志愿者前往斯里兰卡支教 25 天。之后，他作为核心志愿者参与 2017 年电子科大校庆日志愿服务。当年他成功带领团队获得了 2017 年最具创新精神服务队和优秀志愿者服务队的称号。此外还获得四川省“平安校园”建设表彰大会优秀志愿者称号。

● 正能量精神：

在服务社会中找寻人生的意义

特别影响

简丽蓉

微波工程系研究生第三党支部

● 主要事迹：

简丽蓉现任微波工程系研究生第三党支部组织委员。在担任电子学院研究生会主席期间，带领电子学院研究生会在评优答辩中以第一名的成绩获得优秀研究生会的称号。担任电子学院首届研究生学生组织联席会轮值主席，负责学院内七个学生组织的活动。在 2019 年学生组织换届竞选中，她打破常规，首次提出学生组织统一换届、联合招新的方案，增强了研究生干部服务意识，进一步提升学院学生组织服务学生成长成才、服务学校事业发展的能力，时刻牢记“传播微力量，成就大梦想”，更好地为广大研究生服务。

● 正能量精神：

乘风破浪会有时，直挂云帆济沧海

特别影响

吴亚飞

微波工程系研究生第六党支部

● **主要事迹：**

吴亚飞以第一作者在天线领域国际 TOP 期刊 *Trans. on AP* 上正式发表长文 4 篇，其中一篇入选 IEEE 天线与电波传播协会 2017 年 R. W. King 论文奖候选名单。以第一学生作者申请国家发明专利 9 项，美国专利 1 项；获得第 48 届欧洲微波会议（EuMC2018，微波领域全球三大会议）“青年工程师奖”（中国大陆首位）；获得第一届中国微波周“林为干教育基金优秀论文奖”（唯一最高奖）；获得 2016 年国际电磁研讨会（iWEM2016）国际会议“优秀论文奖”；获得国家奖学金、唐立新奖学金、世强特等奖学金（全校一个）；入选电子科技大学 2018 年“十大年度人物”候选名单；评为电子学院优秀共产党员；参与负责多个国家自然科学基金、校企合作项目以及“十三五”装备预研领域基金等项目。

● **正能量精神：**

欲得其中，必求其上；欲得其上，必求上上。

特别影响

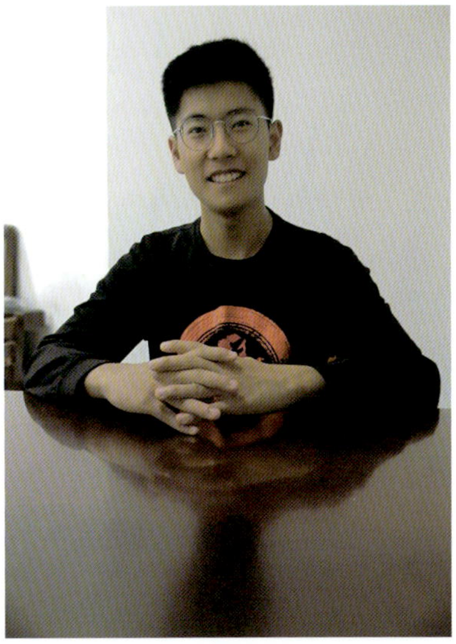

张季聪

电磁场与无线技术专业本科党支部

● **主要事迹：**

张季聪现任电磁场与无线技术专业本科党支部副书记。学习成绩专业第一，获得了国家奖学金、优秀学生奖学金等荣誉。跟随张波教授进行太赫兹高速无线通信系统的设计研究，项目荣获第十五届“挑战杯”四川省大学生课外学术竞赛一等奖。他曾担任电子学院学生会学习部副部长；多次参加各级各项志愿者工作，多次获得优秀志愿者称号；担任班级的文体和宣传委员，所在班级获得“优秀班集体”称号；担任党支部副书记期间，支部获评“优秀党支部”称号；参与完成生产实习微党课视频的拍摄与制作；连续两年分获校级优秀团干和校级优秀团员。

● **正能量精神：**

宝剑锋从磨砺出，梅花香自苦寒来！

宣传力量

王焕宇

集成电路设计与集成系统本科党支部

● **主要事迹：**

王焕宇先后担任集电三班学习委员、院新闻传媒中心执行主任、电子科技大学立人班组织委员；先后在美国马里兰大学、上海伏达科技有限公司、中国科学院半导体所实践实习。在校内任学院新闻传媒中心主任期间，中心获得电子科技大学“优秀网络文化工作室”称号和“十佳网络文化工作室”称号；个人获得“网络文明传播使者”称号。在中科院半导体所实习期间，在该所公众号发表科普文章，并在知乎平台发表科普文章，形成了较大影响力。创作的反映马里兰大学访学期间感想感悟的文章被收入电子科技大学出版社出版的《走进成电，走向世界》一书；参与编撰反映电子科技大学成电讲坛成果的纪实书籍《成电讲坛 2015—2016》。目前两本书均已出版。

● **正能量精神：**

青年莫道浮世冷，不候炬火作流萤。

宣传力量

王卓然

微电子与固体电子系研究生第四党支部

● **主要事迹：**

王卓然在任迈克职业生涯规划俱乐部主席期间，创立“‘迈向职场’人才对接会”和“‘迈动训练营’职业生涯发展培训”两大品牌项目，参加企业 30 余家，参与学生人数 800 余人，受到同学认可；建立“迈克校园俱乐部”微信公众号，注重新媒体传播，关注人数达 1400 余人，单篇微信推送阅读量最高达到 750 次，成为具有一定校园影响力的新媒体平台。任职期间，时刻牢记党员使命，传播正能量，引导我院优秀研究生深入基层实习实践；时刻以做好研究生就业工作为己任，做好职业生涯发展宣传引导，为我校研究生树立正确择业观、就业观不断努力奋斗。

● **正能量精神：**

弘扬正能量，展现青年新风采。

学术楷模

杨鸿程

微电子与固体电子系研究生第十六党支部

● 主要事迹：

杨鸿程于2016年9月以本科专业成绩排名第一并经推荐免试进入电子科技大学学习，于2018年9月经攻读博士学位（硕博连读）。目前已发表SCI期刊论文19篇，其中以第一作者身份于博士一年级期间发表6篇JCR二区以上论文，并发表1篇EI国际会议论文。以第一学生作者身份申请国家发明专利3项。此外，她还参加并完成的体育赛事和公益活动有："2019成都双遗马拉松（半程）""2018中航信托善行者50KM公益徒步活动""2019中航信托善行者50KM公益徒步活动"等。

● 正能量精神：

不抱怨，不将就，有野心，有光芒。

自强之星

杨鑫

微电子与固体电子系研究生第十六党支部

● 主要事迹：

杨鑫同学来自农村，小学在村小就读，老师也都是代课老师，教学水平和教育资源十分有限，他凭借自身的努力一点一点地持续进步。在大学阶段，他充分利用科研班提供的资源，得到了系统的科研思维训练。研究生阶段，为了满足元器件小型化微型化的发展趋势，他在实现低温烧结做出相应工作，使其可应用于LTCC领域。相关成果以第一作者身份在陶瓷领域TOP期刊*Ceramics International*以及*Journal of Electronic Materials*上分别发表论文1篇。此外，为了实现关键材料的国产化，减小"卡脖子"的风险，对标美国FERRO公司开发生产的L4，L5体系材料，开发出性能更好的LTCC基板材料，产品即将交付中国电科13所使用。

● 正能量精神：

知行合一，行胜于言。

电子学子
勇攀高峰创佳绩

电子学院研究生在第三届全国大学生集成电路创新创业大赛上斩获佳绩

2019 年 8 月 21 日，第三届全国大学生集成电路创新创业大赛全国总决赛在南京江北新区落下帷幕。我校共有 19 支队伍参加全国总决赛，其中 17 支队伍来自电子学院。经过激烈角逐，我院研究生组成的“Stardew 队”和“SICS_ETPA 队”获得全国一等奖并分别斩获“燕东微电子杯”和“IEEE 杯”两项企业专项奖（最高奖项），此外，还获得全国一等奖 2 项、全国二等奖 5 项、全国三等奖 5 项以及优胜奖 3 项。同时，我校获得“优秀组织奖”，获奖等级及数量居全国高校第一。

我院学子在“华为杯”第二届中国研究生创“芯”大赛上斩获佳绩

2019 年 8 月 4 日，“‘华为杯’第二届中国研究生创‘芯’大赛”在杭州白马湖国际会展中心落下帷幕。经过激烈角逐，我校进入决赛的 9 支队伍从 151 支决赛队伍中脱颖而出，其中电子学院“沙河 IGBT 小分队”夺得全国一等奖，电子学院“圣斗士芯使”“达立缘”和光电学院“视野”等 3 支队伍获得全国二等奖，其余 5 支队伍获得全国三等奖。我校同时也获得本届大赛“优秀组织奖”，电子学院李泽宏老师获得本届大赛“优秀指导教师奖”。

IEEE 学生分会喜获两项 IEEE 全球奖

今年，我校 IEEE 学生分会荣获“IEEE Regional Exemplary Student Branch Award”，为该奖项自 2012 年起评后中国首个奖项，也是唯一获此殊荣的学生分会。此外，我校 IEEE 学生分会凭借品牌活动“精英学者沙龙”获得“The Darrel Chong Student Activity Award（Gold Award）”，是亚太区域七个获得金奖的学生分会之一，也是中国唯一获得该奖项的学生分会。作为 IEEE 核心赛事的“IEEEXtreme 极限编程大赛”，也是我校“研究生科技创新支持计划”重点支持的国际性学科竞赛之一。2019 年，我校学子最高排名全球第 24 名，占全球前 100 名中 8 席，占中国前 100 名中 75 席，获奖质量和数量连续三年稳居全国高校第一。

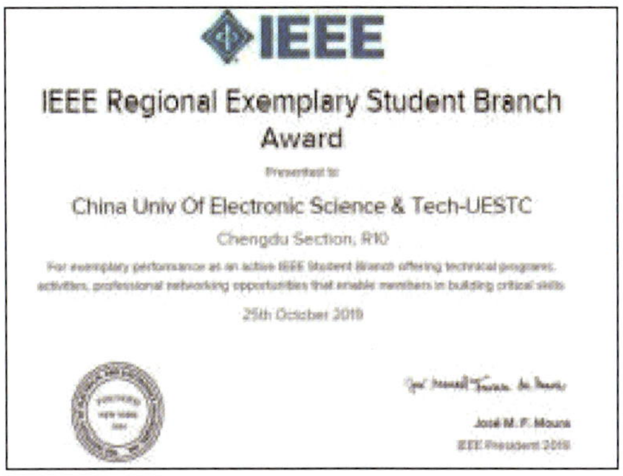

我院本科生在 IEEE Transactions on Circuits and Systems I 上发表论文

我校电子薄膜与集成器件国家重点实验室、集成电路特色研究中心、电子学院罗讯教授团队大四本科生邓至贤，在 *IEEE Transactions on Circuits and Systems I*（IEEE TCAS-I）发表题为“Tunable quasi-circulator based on a compact fully-reconfigurable 180° hybrid for full-duplex transceivers”的论文。邓至贤为第一作者，团队教师钱慧珍、罗讯为共同通讯作者，电子科技大学为唯一署名单位。

邓至贤于大二加入罗讯教授负责的大数据电子与先进微系统实验室（BEAM X-Lab），其在本科期间发表了 9 篇高水平论文，含 *IEEE TCAS-I*、*IEEE Microwave Magazine* 期刊论文 2 篇（均为第一作者）；*IEEE IMS*、*APMC* 等国际微波领域会议 7 篇（其中，IEEE IMS 5 篇）；申报中国发明专利 1 项。2017 年，他参加了 IEEE IMS 学生设计竞赛，获得第一名（为该会议至今 67 年历史上首位本科生率队获奖），并以第一作者身份受邀在 *IEEE Microwave Magazine* 上发表相关研究论文。大三时，获得 2018 年 IEEE IMS 学生设计竞赛第二名。

我院学子在 2019 年全国大学生电子设计竞赛中取得佳绩

2019 年 TI 杯全国大学生电子设计竞赛总测评在同济大学结束。我院参赛队伍在本次大赛中取得优异成绩，获得国家一等奖 6 项（全校 11 项），国家二等奖 7 项（全校 12 项）。在四川赛区比赛中，我院获得 TI 杯 1 项（四川赛区本科组仅 1 项），一等奖 16 项（全校 26 项），二等奖 8 项（全校 18 项），三等奖 12 项（全校 20 项）。其中除校队外，我院院队获奖达到 13 项。总体获奖数量占全校 1/2。

我院博士生程蕾在《物理化学快报》发表封面论文

美国化学会刊物《物理化学快报》（*Journal of Physical Chemistry Letters*）正封面刊发我院博士生程蕾的“二维层状 MXene 基光催化材料制备太阳能燃料”论文。编辑和同行评审专家非常认可该论文的重要性，选定该文为该刊正封面论文，杂志封面体现了电子科技大学主楼背景元素。我院 2019 级博士生程蕾为该论文的第一作者，其导师向全军教授为该论文的唯一通讯作者，张怀武教授为合作作者之一，电子科技大学电子薄膜与集成器件国家重点实验室为第一署名单位。该研究得到了国家自然科学基金委、四川省科技计划项目和校杰出人才基金的支持。

我院学子在 2019 年国际微波年会（IMS2019）学生设计竞赛中再获佳绩

在 2019 年国际微波年会（IMS2019）学生设计竞赛中，我院 2018 级硕士生刘昌坤（团队成员：饶云博、邓至贤、李伟，指导老师：罗讯）获得四通道可切换 / 可重构滤波器组竞赛单元冠军，2019 级硕士生王天翊（团队成员：刘晓辉、韩畅轩、甘东，指导老师：钱慧珍）获得自适应中继收发器竞赛单元冠军。

震惊！这个组织竟如此

——电子学院学生发展指导中心简介

> 你渴望力量吗？想要挑战极限吗？想不想得到一个证明自己的机会？ ACM 部正好给了所有人这样一个机会。

一、ACM 部

1.ACM 竞赛是怎样的？

ACM/ICPC（国际大学生程序设计竞赛）是由 ACM（Association for Computing Machinery，美国计算机协会）组织的年度性竞赛。

2.ACMers 属性

接受最专业的培训，拥有深厚的编程功力，缜密而科学的思维，坚持不懈、努力攻坚，日夜琢磨、刻苦钻研并终于“秃头”达成成就。每年还会有暑期培训，获得校队录取资格。

学硬件也丝毫不影响 ACMers 登峰，电子学院就曾获得以下成就。

电子学院詹晟（右一）获奖

部长：廖孜恒

入选	
UESTC_Xixihaha	朱洽超，吴东学，徐浩
16年入选	
UESTC_ELSE	刘宸睿、陈天乐、梁子辉
UESTC_Duiming	王瀚、周泊帆、傅宣登
17年入选	
UESTC_WOW	颜禹焓、程曦、周三强
UESTC_YCUF	詹晟、黄晴飞、朱成龙

ACM 集训队入选名单

二、数模部

数模讲座

数模部是一个旨在提升大家对数模的兴趣，培养数学建模人才的组织。在这里不仅能锻炼自己的思维能力，还能感受数模带来的乐趣，认识很多数模精英。

数模部会针对新生开展数模讲座，帮助大家对数模有个基础的了解，之后还会开展数模研讨会，大家一起讨论数模如何建构，加深同学们对数模的了解和运用。最后还开展数模模拟竞赛，帮助大家更快掌握建模的能力。

数模研讨会

部长：唐朝阳

部长：李雨潼

三、讲师团

在那神奇的“学发”，有个“巨佬团”，在那里，国家奖学金获得者层出不穷，立人班、钧业班、林为干班大神比比皆是。他们以科大人不挂科为己任，以辅佐传说中的“学渣”为目的，以培养史诗级怪物——学霸为终极目标！

这可不是什么学院传说，它就是电子学发“讲师团”。

左：副团长孙祎，中：团长廖瑞麟，右：副团长罗淇心

1. 成立时间

2012 年（我还是个七岁的宝宝）

2. 阵容

国奖讲师团 & 常任讲师团

3. 主要工作

对各个学科的知识做总结，汇总到 PPT 上或者形成书面资料，站上讲台，为大家讲解一门门课程的复习要点。

4. 主要活动

（1）值班答疑

每周一到每周四，“讲师团”同学都会在基础实验大楼学生发展指导中心（科 A224）值班，解答同学们学习上的各种问题。

（2）线上答疑

线上“讲师团”答疑群随时解答同学们的问题。

（3）考前讲座

每学期期中与期末前举办复习讲座，帮助同学进行知识点梳理与归纳。

（4）经验分享

由国奖“讲师团”主办的“国奖沙龙活动”定期与同学们进行经验分享，营造优良的学习氛围。

四、飞跃重洋俱乐部

在“飞跃重洋俱乐部”，有免费而实用的托福雅思讲座，在这里我们与留学小哥互动练习口语，与学长学姐们交流得到申请经验，还可以了解到国外的学术氛围，斩获一些学术资源。

这里也有专业人员为你提供一对一留学规划咨询，消除你对留学生活的困扰，让你的留学生活目标更加明确，规划更为合理。

除此之外，这里更有与你怀揣同样想法的同学，你可以在这里结交志同道合的朋友，让你未来的朋友圈里再多些留学大佬。

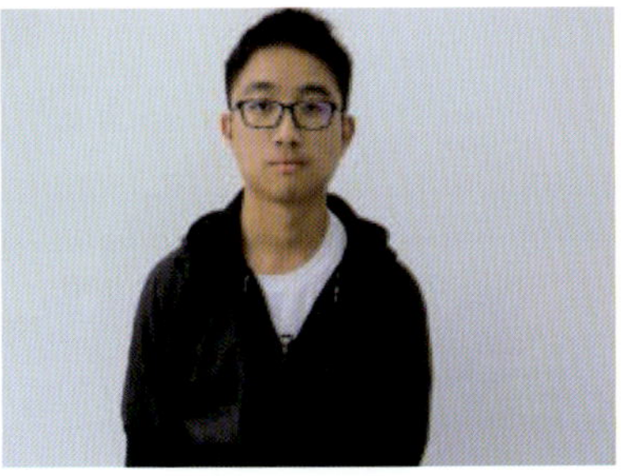

部长：蔡朗尧

部长：古旭鹏

五、主席团

主席团

俗称：主席团，小名：咳咳、背锅侠。听起来很高大上，但比起其他部门，他们没什么特长，但必需也必须统筹全局、随机应变、随叫随到、耐心十级……

主席

王燕宁

统筹管理学生发展指导中心（以下简称“学发”），

明确各部门分工、活动预算；

定期召开例会；

总负责活动空间。

副主席

邓翔龙

协助主席制作宣传视频及海报，

参与制订并协助完成各部门活动方案。

副主席

李与可

记录学发委活动；

定期更新学发委活动宣传文案。

六、精品活动

1. 我与导师有个约

除了综合导师制和举办专业认知讲座，还为同学们提供去实验室参观并与教授现场交流的机会。

2. 沿途有温暖

举办考研模拟，为考研学子加油助力。

3. 学长谈芯

集成电路专业的学长学姐从“实习实训”“时间管理 / 学习方法”“保研 / 出国”“考研”等方面的分享讲座。

4. 职业生涯规划

无论是“企业导师谈未来”，还是“公司老总话发展”，亦或是辅导员、班导师的指点，我们的活动都能帮你找到属于自己的职业规划。

UESTC

Chapter 7

拓·视界

……

暑期秀：电子人的足迹

麻省理工学院暑期课堂

爱尔兰利莫瑞克大学暑期学校

美国硅谷实训营

启梦计划——澳门大学暑期交流营

英国卡迪夫大学研究生暑期学校

日本千叶大学 MEMS 交流营

电子人在渠县调研

电子人在康定市扎日村支教

电子人在澳门大学

电子人在康定市亚弄村支教

电子人在日本千叶大学

示范性微电子学院

2017 级大二暑期集成电路工程项目实习纪实

为响应和落实教育部“卓越工程师培养计划”，丰富实践育人内涵，示范性微电子学院自 2015 年 11 月成立以来，秉承“工程化 · 国际化”培养理念，实施“三个一工程”特色培养，优化课程体系，加大实习实训力度，提高学生工程能力，培养高素质的集成电路工程人才。其中，“一年工程实践”由集成电路工程项目实习、工程项目实训、工程实践研究三个阶段组成。自 2019 年 7 月 8 日起，示范性微电子学院 2017 级学生陆续前往无锡、常州、成都、潍坊 4 个地方共 22 个公司开展为期一个月的集成电路工程项目实习活动。

No.1 成都锐杰微科技有限公司

2019 年 7 月 8 日，在成都锐杰微科技有限公司实习的 3 位同学一大早便来到公司，在李春龙总经理的带领下开始了为期一个月的实习。据了解，同学们将在世纪城的公司办公区了解公司情况，学习 Cadence 软件的使用，了解常见的封装形式与规格；后续前往双流区的公司厂房进行参观并参与封装制造过程。实习的这段时间里，同学们了解了常见的芯片封装形式，了解了产品从需求到实现的流程以及部分相关上下游企业，学习了 Cadence 系列软件的使用，参观并操作了上锡、贴片、回流焊、磨边等设备，将集成电路专业知识应用于实践。

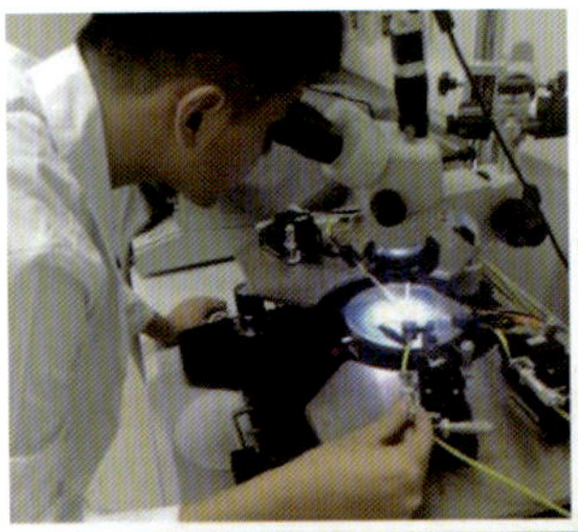

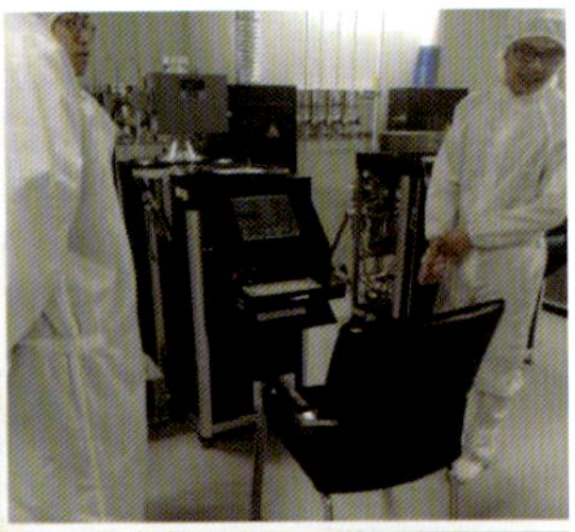

No.2 歌尔股份有限公司

2019 年 7 月 8 日，在学院骨干教师李辉的带领下，10 位实习同学坐动车来到了歌尔股份有限公司在潍坊总部的 MOS 部门，初步认识了歌尔的公司文化和主要业务，参观了歌尔先进的自动化生产线及无尘车间，学习和接触部分光学、声学的器件和成品。一周后，前往青岛的歌尔研发中心，主要学习电子封装与模拟集成电路的知识。实习期间，同学们也结识了哈工大与浙大的同学，并与他们进行了思想的交流与碰撞，对 IC 的封装测试有了进一步的了解。

No.3 广州粤嵌通信科技股份有限公司（成都分公司）

2019 年 7 月 8 日，参加广州粤嵌通信科技股份有限公司（成都分公司）实习的 47 名同学来到春熙路附近的雄飞中心，在企业导师的带领下，同学们通过实验对专业知识进行学习和实践。第一个实验使用 VMwareworkstation 虚拟机运行 Ubuntu 系统，通过执行 linux 命令对 C 语言源程序进行基于 ARM 和 linux 的编译，使其可以通过 CRT 软件传输文件到开发板，继而实现触控、显示 BMP 和 JPG 格式图片、播放 MP3 音乐和 AVI 视频这三个功能。第二个实验使用 STM32F4 开发板，使用 Keil 软件和 JLINK 编写 C 语言源程序、编译和传输。实验操作的过程让同学们对 C 语言程序和集成电路开发板有了新的认识，也为大三阶段的学业奠定了基础。

2019 年 7 月 31 日，示范性微电子学院副院长于奇，办公室主任李小红和王玉珏前往该公司看望实习学生，并与公司负责人就实习生事宜及校企合作等进行了细致沟通。

No.4 成都海威华芯科技有限公司

2019 年 7 月 15 日，黄凯杰等 4 位同学开始了在成都海威华芯科技有限公司为期一个月的实习。实习期间，同学们进行了半导体制程测试，进一步深入了解了半导体物理及微电子器件的有关内容。4 位同学分为两组，分别进入了 AC 实验室和 DC 实验室，并在一周后进行轮换。同学们从测试工程师这一职位入手，清楚地了解了完整的集成电路设计及生产制作的全部流程，对其中的每一个环节都有了新的、全面的认识，并重新审视了自己身为集成电路设计工作者的工作内容和责任。同学们表示，在接下来对专业知识的学习过程中，要全方位结合多个学科领域的知识内容进行理解、学习，站在整个设计生产流水线上思考自己的工作内容。同时，为之后进入研究生阶段的学习做好各方面充足的准备。

No.5 中电海康无锡科技有限公司

2019 年 7 月 8 日，蔡经纬等 5 位同学乘坐了一天的动车后来到江苏无锡，开始了在中电海康无锡科技有限公司的实习。公司热情地为同学们安排好住宿并帮助办理好实习手续，同时还安排了一位经验丰富的博士作为同学们的企业导师，带领 5 位同学开始实习。

开始实习的第一周，同学们依次进行了三级安全教育、后端设计与软件使用课程、成电学长工作经验分享、Linux 系统和 IC 设计软件工作模式等课程的学习。在这些课程的学习中，同学们对 IC 设计以及公司的运营模式有了更深的理解与感悟。在接下来的实习中，同学们对 IC 设计的全流程软件进行了深入的了解与学习，相信在实习结束时能对整个 IC 设计流程与相应软件有更深的理解。

2019年7月16日，示范性微电子学院办公室主任李小红前往无锡看望实习学生，并与公司人力资源部部长钟琳、招聘主管陈帆等就实习生事宜、校企合作等内容进行了沟通。

No.6 常州新超集成电路技术有限公司

2019年7月15日，6位同学开始了在常州新超集成电路技术有限公司的实习。第一周，同学们在公司企业导师的带领下安装了IAR、VS、虚拟机等软件，配置了电脑的运行环境，阅读并了解了芯片的Datasheet及开发板原理图，并尝试进行芯片I^2C的读写。随后，实习同学进行了不同的课题选择，在图形解码这个课题中，实习同学需要选择某个图形解码库并将其移植到开发板中，使其能够对JPG或PNG等格式的图片进行解码，并将其显示在开发板的LCD屏上。相信在实习结束后，同学们的理论知识水平和专业应用能力都能得到显著提升。

No.7 成都烨软科技有限公司

来到烨软科技有限公司的第一天，紧张而繁琐的工作就已经展开了，企业导师周敬权老师为实习同学做了实习任务的讲解和安排：7月8日至7月20日进行turbo码相关的学习，7月20日至结束期间完成三个实验，第一个是进行turbo码的编码和解码的FPGA上板实验，并用示波器观察输出信号；第二个是主字母体制中频接收机（安控系统）的实验；第三个是导航接收机硬件的性能测试。实习同学表示，在企业的实习经历，让我们更加深刻地理解课堂上学习到的相关专业知识。

No.8 成都华微电子科技有限公司

2019年7月8日，实习小队来到成都华微电子科技有限公司进行为期一个月的实习。实习期间，同学们学习了如何使用探针台和Easy EXPERT软件，之后实测了一批采用0.18μm工艺的NMOS器件，并利用Matlab对测试数据进行了分析，帮助企业向代工厂进行反馈。此外，同学们还在“超净间”学习使用操作集成电路制造过程中的一些仪器，如DZS-500电子束与电阻蒸发复合镀膜系统、DRIE型干刻机。该实习小队还完成了另一批65nm工艺芯片的测试，并学习了其他的工艺步骤与仪器操作。

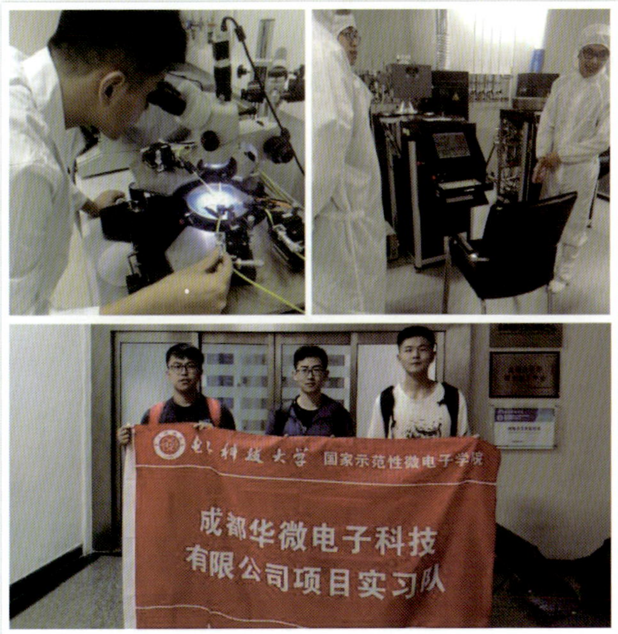

No.9 电子科技大学西区科技园

电子科技大学西区科技园项目实习队共有46人，在开营仪式结束后，同学们分散到了14家单位进行实习。为了加强实训效果，园区还额外对实训学生布置了观看创业大咖乔布斯与俞敏洪关于创新创业的演讲并提交观后感的任务，并且还安排了以小组为单位制作商业计划书，来加强同学们对创新创业、商业运作的理解。

园区还为集电学生们开展了集成电路产业与职业生态主题活动，活动现场十分热闹，同学们纷纷提问，从行业大牛身上获得了许多有用的知识，更加明确了自己将来的职业生涯发展规划。

一份提分秘笈在手，天下我有

俗话说，好记性不如烂笔头。做好笔记不仅仅能记下知识点、每一个灵光一现的瞬间，更能培养自己的思考能力。做好笔记并非是逐字记下，什么内容需要记，什么内容需要重点标记，为什么是这样的，都需要取舍和思考。那么，该怎样做好笔记呢？

今天，E事君就给大家分享一些高效的笔记。

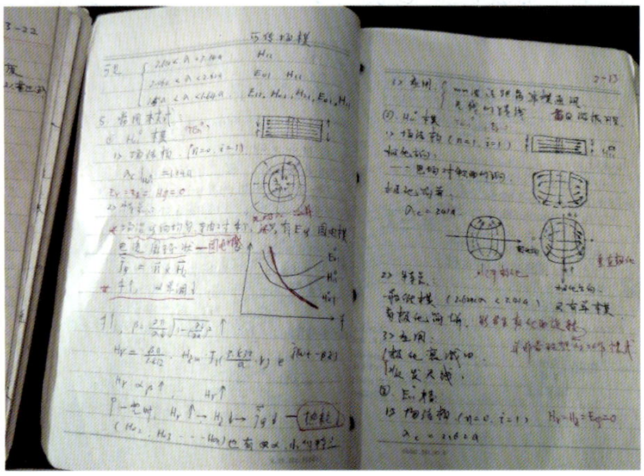

跨时代的笔记：
副院长于奇教授

我们那会儿在授课老师进行板书讲解的同时，自己也跟着记笔记，要边听边记，不是简单地抄老师的板书。课后尽量在当天对所学课程进行复习，参照笔记，在脑子里“过电影”，回放老师在课堂上讲的内容，把老师“敲黑板”的重点内容用红笔做标注，并在空白处补充自己对知识点的理解。

用黑笔红笔区分开课堂笔记和课后理解是我的笔记习惯。课堂笔记记录的是第一手资料，是通过老师讲课直接获取的知识；而红笔标注的则是自己对知识点的进一步思考，是消化过后自己领悟的知识。每次翻看笔记总能有新的理解和新的收获，但并非每一次的理解都是正确的，甚至可能出现推翻以前做的批注的情况。多整理、多质疑、多思考，每一个细节都不放过。对知识的巩固就是不断思考的过程，学习就是“把书越读越厚，然后越读越薄”的过程。最后，重要的知识都装在自己脑子里了，笔记也就完成了它的使命。

现在上课条件很好了，老师上课都用PPT，但同学们很容易出现“看电影”现象，大家只听却不动笔。“好记性不如烂笔头”，再聪明的人也很难做到过耳不忘。大家可以提前把课件打印下来，在空白处做批注，可以按自己的习惯简化记录，自己能看懂就行。

笔记重在多使用，光写不看是没有意义的，白白浪费时间而已。课后翻看笔记是一个重复学习、加深理解的过程。多使用自己的笔记，也能发现记笔记时的不足，不断改进，最终形成适合自己的一套学习方法，这会给你带来事半功倍的学习效果。

《模拟CMOS集成电路设计》笔记：不愿意透露姓名的学生

我的上课习惯是边听边记，尤其是一知半解的知识，把老师的原话关键词记录下来，同时还要记录下具体是对什么问题的疑惑，而不单单只是画个问号在书页边。课后，再对书本和笔记细嚼，进行思考，想不明白的再问老师。上课也不是一味地记笔记，笔尖在动的同时，脑子里也要思考。

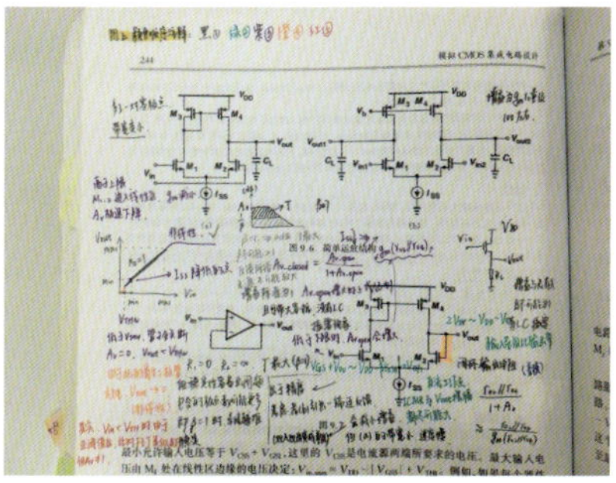

上课的时候，思路要认真跟着老师走，同时也要懂得发散，明白知识点之间的关系。对记性不太好的我来说，有时候突然想到关于当前知识点的一个问题，如果不马上记下来，到当天晚上就会忘。所以笔记于我，是学习过程中不可缺的一项工作。

《微处理器与嵌入式系统》笔记：电子学院学生

我觉得笔记只是用来辅助学习的，但笔记并非必要的工具，有的人记笔记才能把知识记到脑子里，有的人觉得记笔记太浪费时间。笔记有没有用是因人而异的，如果记笔记花费太多时间，效率低下，或者只追求整齐美观，那就得不偿失了。

对于《微处理器与嵌入式系统》这种专业课而言，我习惯把笔记写在是课本上。

记笔记最重要的一点是，记了一定要看要复习！

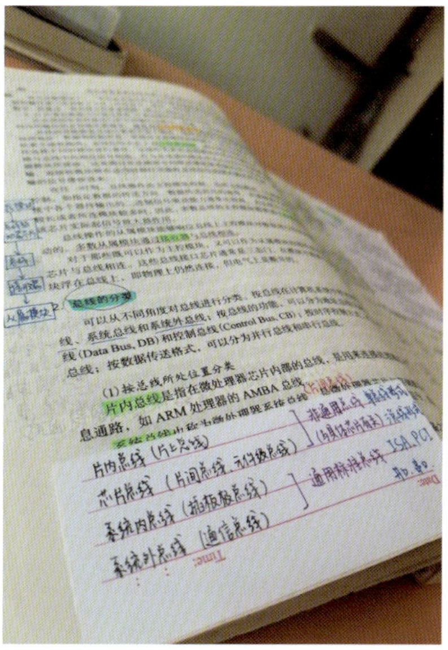

《信号与系统》笔记：学长传承下来的笔记

当时靠着啃学长的笔记，半期考试《信号与系统》考了满分！以前一直觉得做笔记浪费时间，在这么一次经历过后才深深体会到笔记的重要性，优秀的笔记使人颇有“一本在手，天下我有”的自信。此次经历过后，我对学长的笔记进行了完善，补充了一些例题、具体解题步骤及不同解法，将笔记传承给了学弟学妹们。希望他们也能修得自己的“笔记本”，让工作生活更高效。

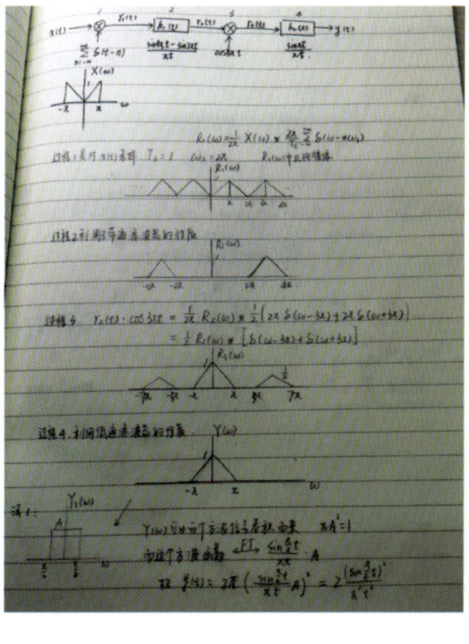

考研专业课笔记：杨芮同学 2019考研最高分

去年本专业考研的专业课是半导体物理，参考书目是《半导体物理学》（刘恩科著）和《半导体物理导论》（刘诺著）。根据考研大纲所给出的知识点和往年真题来看，考研题目类型有填空选择题、简答题、证明题、计算题和画图题，所以我是按照题型来记笔记的，主要记了证明、简答和计算这三种。

记笔记的方法是：首先站在出题人的角度，看哪一章的哪个知识点有可能会出证明题（以证明题为例，简答题和计算题同理），标上章节数、页码以及知识点，然后在最后面根据自己看书时的理解或者根据真题答案写出相应题目的答案。

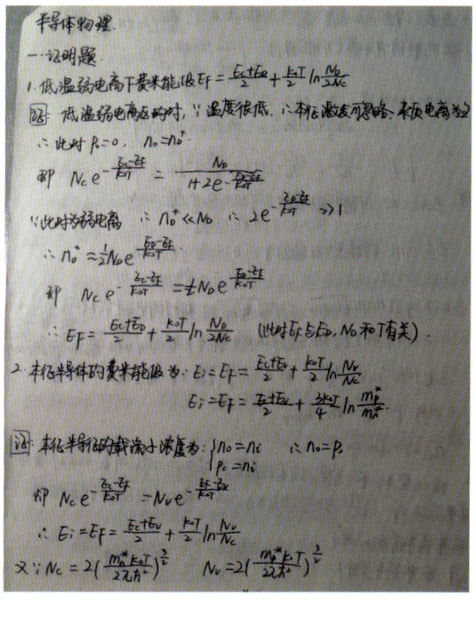

日语笔记：

数羊同学 本科 2016 级

日语同样有语法，也同样有固定句式，将文字转化为符号或简写既会使记笔记更有效率，也会使笔记更加简明，复习的时候知识点一目了然。人们的大脑对于图形的记忆比对文字的记忆要更加高效，所以我在记笔记的时候，会将文字符号化或简写。文字形式笔记中，我并不能简单明了地看出此语法和其他语法有什么不同；而简写形式的语法明确了动词的时态、名词需要加の等知识点，将它化为图形存档在脑子里，待需要用时，随时调取即可。

高中化学笔记：

美萱同学 本科 2016 级

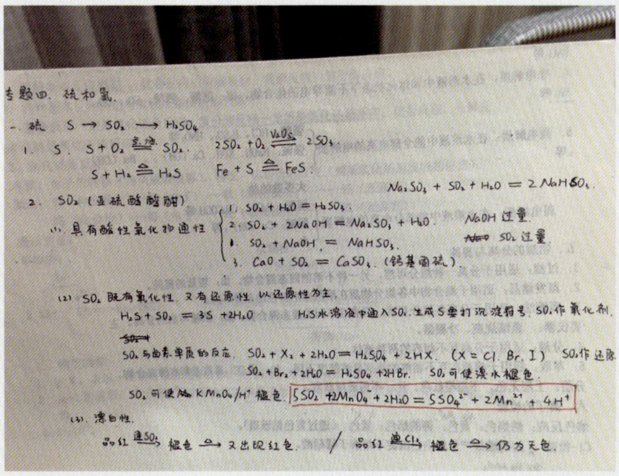

原来笔记是有记忆的。

从距离高考还有 365 天，到现在距离高考已经过了 1050 天，我至今还留着高中的化学笔记。翻看那个时候写的公式、搭配、甚至有些名词都忘了解释，“38324,14122”也变成两组顺口溜。最后记得的，还是那些热血得让人热泪盈眶的日子。每一个片段，回忆起来的时候都被打上了一层层滤镜，每一件小事，每一个出现过的人。

在操场跑起来的时候带起的每一阵风，都是想起来会让我眉眼带笑的。

电子笔记：

依旧是电子学院学生

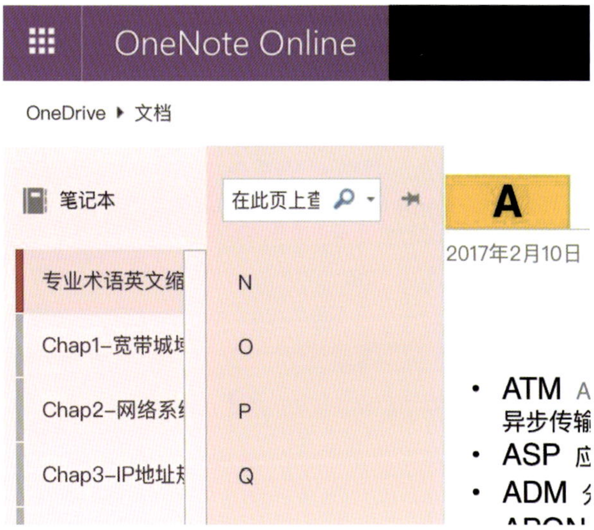

以前没有网络技术这方面的基础，对于自学一本新知识，不太熟悉的专业术语可以直接用 Ctrl+F 快捷键来搜索，而不用把书来回翻好几遍还不一定翻得到。就这一点来说，电子笔记是比较有优势的。

OneNote 是诸多电子笔记软件中的佼佼者之一，对于重点部分可以加上符号标记或突出显示，还可以给相关知识点添加链接跳转。在 OneNote 里，可以进行作图，上课

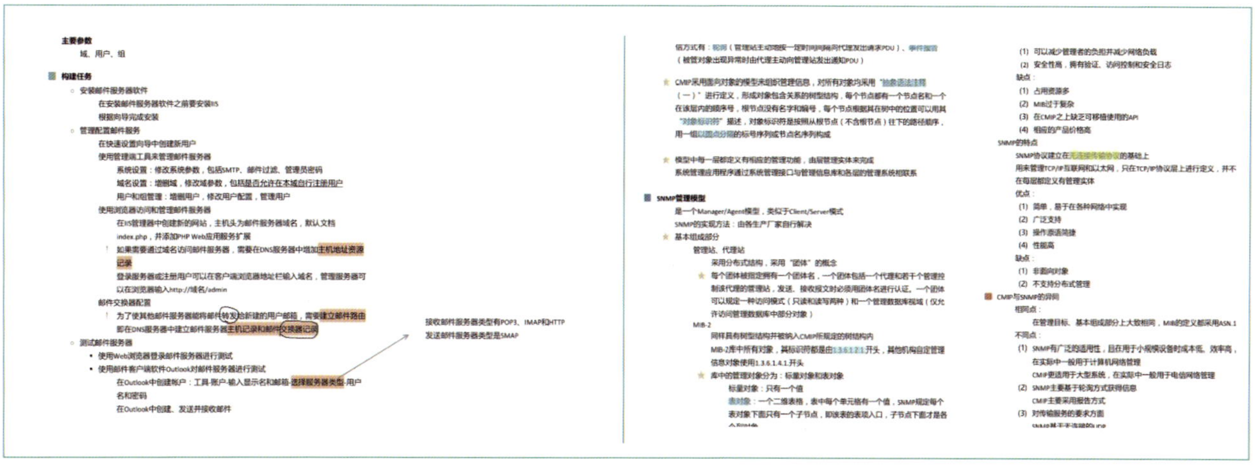

可以进行录音，并把录音转成文字，还有识别图片中的文字，能直接搜索到图片中的文字……不得不说微软的Office确实强大！当然比较麻烦的就是鼠标和键盘操作，在熟悉快捷键后这些问题能得到一定程度的解决，如果是触屏电脑，配一只笔就更完美了。

做好笔记的小窍门

1. 对笔记进行合理分区

再工整漂亮的笔记，满满一大篇看着也会让人头秃，因此可以对笔记进行适当地分区，更便于我们分清主次。大致可以将笔记分为三个部分：（1）课堂上记录的内容；（2）课后的简要总结，使用关键词来概括主要内容；（3）自己的一些延伸思考。

2. 运用图形、色彩辅助记忆

与文字相比，我们的大脑更擅长存储图形、色彩等信息，因此在笔记中合理运用图形、色彩能让我们印象更加深刻；同时，用醒目的色彩标注重要的信息，能让我们便于分清主次。

3. 及时复习、改进笔记

记录下知识点只是学习这一过程的开端，只有反复理解并对笔记进行删改、增添自己新的理解才是学习的过程，这样才能将记在纸上的单纯的文字和符号转化为自己知识体系的一部分。

听说，集电人与冬至节的这个秘密已有三年

策划 | 马周辰　王中山
文案 | 潘翔鑫　王中山
摄影 | 杨凡希　潘翔鑫

冬至，俗称“冬节”，是二十四节气中最早制定出的节气。我国古代对冬至非常重视，被视为一个大节，曾有“冬至大如年”的说法，家家户户都有庆贺的习俗。

为传承中华传统习俗，丰富同学们校园生活，同时为集电人出征践行，2019 年 12 月 22 日，电子科学与工程学院（示范性微电子学院）本科 2016 级集成电路设计与集成系统专业 2 班组织开展了“集电一家亲”暖冬包饺子活动。

集电一家亲活动进行中

回顾暖冬包饺子活动的历史，最初由2016级集电2班发起，第一届秉承“情系成电，香溢冬至”的主题，邀请了同年级的集电3班一同在清水河校区思源餐厅包饺子，那时候还仅仅定义为班级活动。第二届活动再次相约于思源餐厅，邀请了2015级、2016级、2017级的同学们，活动评选出“我包的饺子最可爱”奖、“包饺子的我最可爱”奖并给予了获奖者适当奖励。如今的第三届暖冬包饺子活动“集电一家亲”已经发展到面向整个专业开展的规模，集电专业全体同学相聚在沙河校区万友餐厅。

因为是最后一年活动了，明年的冬至大家或许正在考研考场上奋笔疾书，因此今年的包饺子活动一定是需要些“排面”。何为“排面”？就是饺子就着红酒吃！活动之前，组织者对大家喜欢的口味以及零食饮料等进行了征集，最后选定今年的饺子馅儿口味包括以下几种：韭菜猪肉、芹菜牛肉、玉米虾仁、白菜猪肉、香菇猪肉、大龙虾、墨鱼。斥巨资满足大家，红酒、大龙虾、墨鱼，统统安排上！

红酒安排上了

玉米虾仁馅

大龙虾也安排上了

“ok”，材料工具齐活！同学们陆续进场。当然作为一个男女比 12:1 的专业，绝大多数同学都是不会包饺子的。没关系！现学现卖！刚刚教会的同学马上就能化身为老师教其他不会的同学，学会的同学会兴奋地拿出手机记录下自己人生中包的第一个水饺。

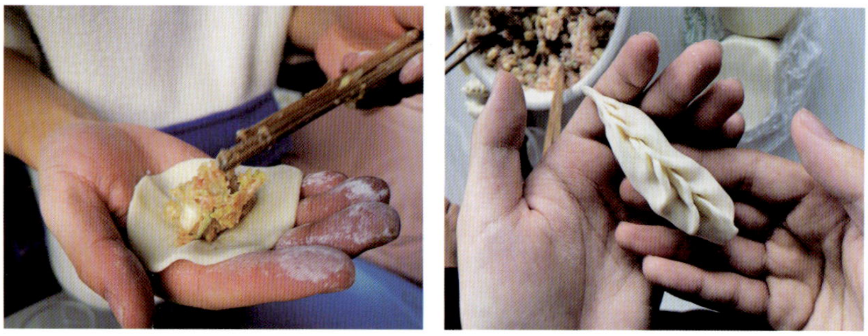

学会包的第一个饺子

刚刚学会就能带学生了

而已经有两年包饺子经验的高手们则各显神通：有的用料十足，包出的饺子个儿大肚儿圆，彰显出北方的大气与豪爽；有的包出的饺子精致美观，呈现出南方的清秀与灵动。包出来的饺子也是各显其态，元宝饺子、月牙饺子、大头娃娃饺子，甚至有极富想象力的朋友用饺子皮“堆雪人”。

大概是标准的北方包法

三年里每届都存在的辫子水饺

一些有点“皮”的同学，热衷于整蛊：悄悄在饺子里面加小米辣，加硬币，加橘子皮，还有的一整个馅儿全是饺子皮，或者全是蒜，有一堆人把醋掺着可乐倒进杯子里骗同学说是一整杯可乐，但被骗的同学在喝之前闻出了杯子里的醋味，整蛊行动宣告失败。现场气氛十分活跃，这是一个有爱的集体。

可能叫太阳花水饺或者荷包蛋水饺

用剩余饺子皮捏了个雪人做纪念

毫无疑问，本届活动中最受好评的是墨鱼水饺，因为太贵了，平均每个人只能吃到一至两个墨鱼水饺，主办班级表示：经费在燃烧！剩下最后几个墨鱼水饺的时候，大家没有“你吃吧”“不，还是你吃吧”这种假装客气的客套话，而是人人拿着筷子虎视眈眈：“让我来替大家解决最后的剩菜！”或许这正是因为熟悉得像一家人一样，并不需要过多的客套。现场采访到一位同学对墨鱼水饺的感受：墨鱼水饺用黑色的饺子皮包裹，很有视觉感，就让人想尝试一下。

人气次之的便是玉米虾仁水饺。玉米虾仁在包的时候馅儿比较散，虾仁 Q 弹 Q 弹的，煮好过后的玉米很甜，但没有吃出虾仁的味道，也许如果有蟹黄的话鲜味就会很浓了（呼唤明年能吃到蟹黄饺子）！

墨鱼水饺

最贵的大龙虾馅竟然不配拥有姓名？200 多元一只的大龙虾，有手臂那么大，但肉其实并不多，和着韭菜一起拌出来的馅儿就一小碗，一口下去就是 10 元！怀揣着自己能吃好几十元钱期许的大龙虾饺子，可一锅煮起来后就迷失了踪影（捂脸）……别问我什么味道，我只记得曾经拥有。

活动进行到一半，集电 2 班班委张廉豪同学邀请全体同学举杯，祝大家在接下来为期半年的实习中一帆风顺，并一齐喊出“集电一家亲”的主题口号。

大家欢乐地交流，认真地操作，时而探讨心得，时而过招切磋。看着自己包的饺子，每个人的脸上都洋溢着兴奋与自豪。餐厅充满了欢声笑语，成了一片欢乐的海洋，不仅感受到了快乐，放松了心情，还增进了大家之间的感情，拉近了彼此的心，使大家感受到集电这个大家庭的和谐与温暖。

夜幕降临，本次暖冬包饺子活动也进入了尾声，同学们清理了现场遗留的果皮垃圾和纸屑，擦干净桌子，将一切还原成最开始的模样，离场。互相道别，各自珍重。愿集电人永远“集电一家亲”。

时光荏苒，白驹过隙，2016 级集电人已在成电度过 900 多个日夜，即将奔赴全国各地，开展为期六个月的实习，为中国“芯”贡献一份力量，向世界发出属于集电人的声音。

张廉豪同学发言

集电一家亲

最亲还是家乡话！方言合集大挑战，准备好被支配了吗

文案 | 王冬凌 王燕宁 蓝毓青
程子寒 傅雨藤 钱晨辉
混音 | 傅雨藤

一方天地，纳五湖四海。大家由天南海北齐聚成电，每个小伙伴都有着自己家乡独特的方言，而我们也常常因为方言闹出不少笑话。

比如

1 舍友：我孩子（鞋子）嘞？

2 北方人：？

语言的魅力无处不在，
今天“E 事君”选了几种接地气的方言，
让大家感受下我们成电小伙伴们的多元文化。
不知道普通话十级的你能猜对几个呢？
准备好接受挑战了吗？

方言大集合

扫描二维码接受挑战

送你一首东北味儿的再别康桥

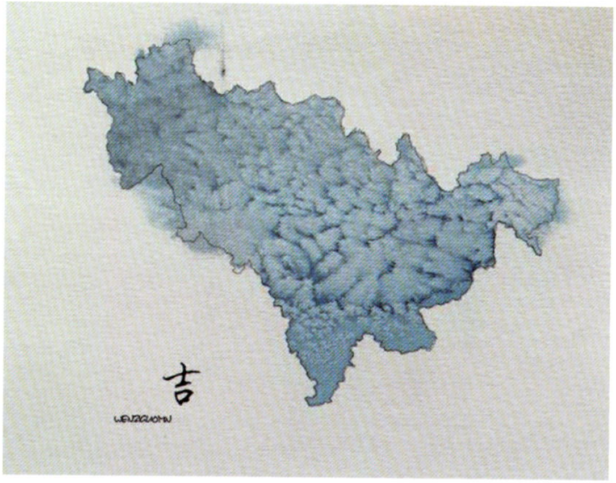

轻轻的我走了，
正如我轻轻的来；
我轻轻的招手，
作别西天的云彩。
那河畔的金柳，
是夕阳中的新娘；
波光里的艳影，
在我的心头荡漾。
软泥上的青荇，
油油的在水底招摇；
在康河的柔波里，
我甘心做一条水草！

那榆荫下的一潭，
不是清泉，是天上虹；
揉碎在浮藻间，
沉淀着彩虹似的梦。
寻梦？撑一支长篙，
向青草更青处漫溯；
满载一船星辉，
在星辉斑斓里放歌。
但我不能放歌，
悄悄是别离的笙箫；
夏虫也为我沉默，
沉默是今晚的康桥！

四川

（请将音频调至 56 秒）

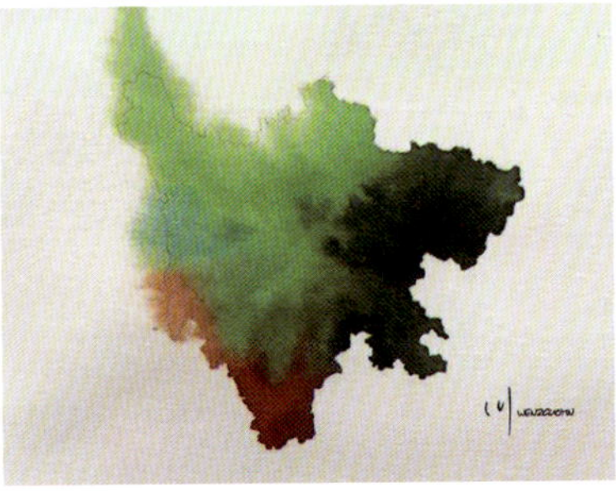

我从来没有养过鱼，更没有什么鱼塘，但是嘞，我有一座沙滩，你愿意做我沙滩上最美的那座沙雕不嘛？

上海

（请将音频调至 1 分 08 秒）

笃笃笃（敲门声）
卖糖粥
三斤胡桃四斤壳
吃你的肉
还你的壳
张家老伯伯
问你要一只小花狗
汪汪汪

西安

（请将音频调至 1 分 18 秒）

600 年的城墙如今让你随便触摸
西安的小吃足够让你变成吃货
在你的脚下曾经埋着王孙显赫
和平门下马陵是最低调的一个
西安的女娃喜欢有话撒都直说
就像这城门儿娄子四四方方的洒脱
给你说西安地灵说话不敢胡说
背后说谁坏话可小心好过
西安人的城墙下是西安人的火车
西安人不管到哪都不能不吃泡馍
西安大厦高楼是连地一座一座
在西安人的心中这是西安人的歌

河南

（请将音频调至 2 分 10 秒）

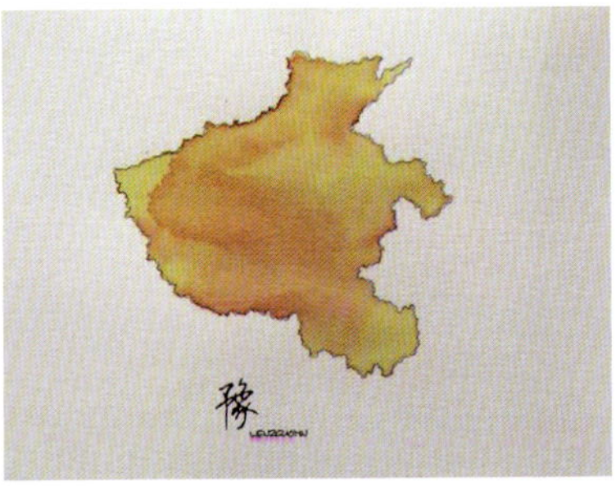

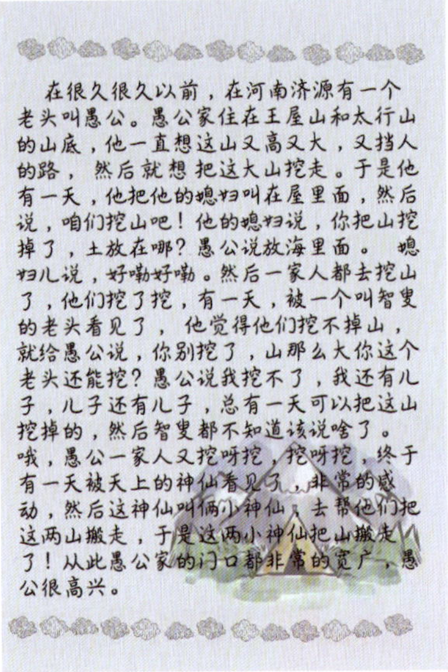

在很久很久以前，在河南济源有一个老头叫愚公。愚公家住在王屋山和太行山的山底，他一直想这山又高又大，又挡人的路，然后就想把这大山挖走。于是他有一天，他把他的媳妇叫在屋里面，然后说，咱们挖山吧！他的媳妇说，你把山挖掉了，土放在哪？愚公说放海里面。媳妇儿说，好嘞好嘞。然后一家人都去挖山了，他们挖了挖，有一天，被一个叫智叟的老头看见了，他觉得他们挖不掉山，就给愚公说，你别挖了，山那么大你这个老头还能挖？愚公说我挖不了，我还有儿子，儿子还有儿子，总有一天可以把这山挖掉的，然后智叟都不知道该说啥了。哦，愚公一家人又挖呀挖，挖呀挖，终于有一天被天上的神仙看见了，非常的感动，然后这神仙叫俩小神仙，去帮他们把这两山搬走，于是这两小神仙把山搬走了！从此愚公家的门口都非常的宽广，愚公很高兴。

柳州

（请将音频调至 3 分 46 秒）

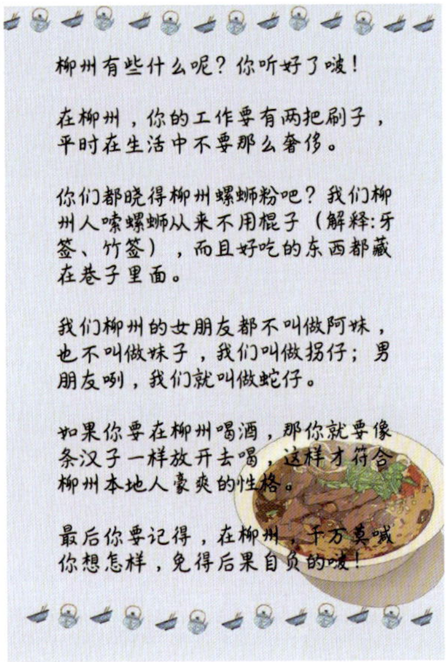

柳州有些什么呢？你听好了啵！

在柳州，你的工作要有两把刷子，平时在生活中不要那么奢侈。

你们都晓得柳州螺蛳粉吧？我们柳州人嗦螺蛳从来不用棍子（解释:牙签、竹签），而且好吃的东西都藏在巷子里面。

我们柳州的女朋友都不叫做阿妹，也不叫做妹子，我们叫做拐仔；男朋友咧，我们就叫做蛇仔。

如果你要在柳州喝酒，那你就要像条汉子一样放开去喝，这样才符合柳州本地人豪爽的性格。

最后你要记得，在柳州，千万莫喊你想怎样，免得后果自负的啵！

安徽

（请将音频调至 4 分 36 秒）

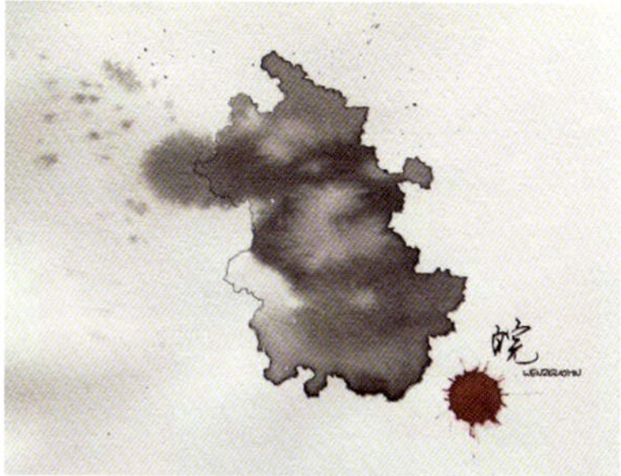

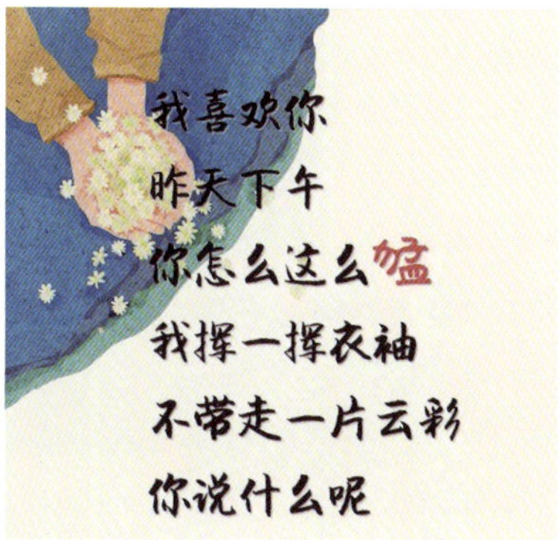

湖南

（请将音频调至 5 分 03 秒）

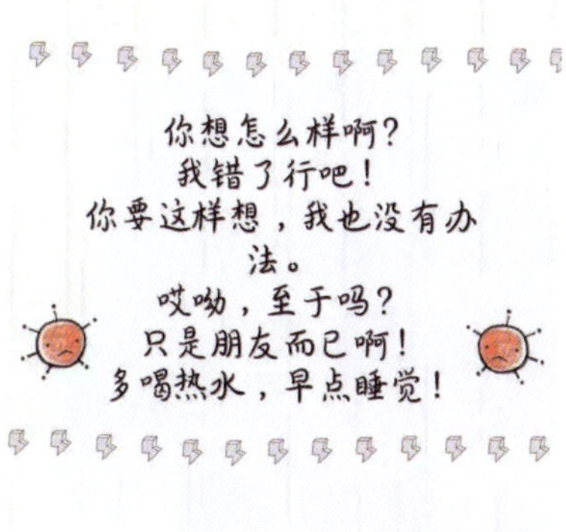

云南

（请将音频调至 5 分 16 秒）

福建（客家）

（请将音频调至 4 分 47 秒）

我是客家人
爱吃客家菜
河源的猪脚粉
和客家酿豆腐
是我的最爱
我是客家人
我爱客家妹
爱她够勤劳
爱她够善良
爱她够大方

每逢佳节
大家和亲朋好友联系时
或许又听见了耳熟的乡音
勾起了许多过去的回忆
你是否也想说几句家乡话了呢
快来评论区一起分享你与方言的故事吧
感谢各位同学美妙的声音

对不起，爸妈！其实我把钱都花在这些地方了

· 成长路上的伴随者 ·

大概每个人都有个宝盒，里面珍藏着：
小学时收到的新年贺卡和游戏王卡片；
初中跟好朋友拍的大头贴；
高中的笔记本和上课传的小纸条；
大学收到朋友从另一个城市寄来的明信片
……
再次翻到自己收集的这些小东西时，
总会充满惊喜与感动。
上了大学，有了相对可自由支配的生活费，
总是会背着父母买自己喜欢的东西。
今天微观 E 事将作为学子家长沟通的桥梁，
揭露这些有着收集癖的同学，
都背着父母悄悄囤了啥。

哪有不喜欢游戏的男孩 · switch 游戏卡

为什么喜欢收集游戏卡？

哪有不喜欢游戏的男孩。

只不过我在电脑、手机和主机之中选择了在中国比较小众的主机游戏；在主机厂商 Microsoft 、 Sony 和 Nintendo 之间又选择了 Nintendo Switch 。

主要游戏平台放在主机，可以避免自己在正常使用电脑和手机的过程中易辙开始玩游戏……微软的 Xbox 和索尼的 PS 4 都需要外接显示器才能玩，不如任天堂的 Switch 方便，所以我基本没考虑他俩，于是最后就玩上了 Switch 。

它给你的生活带来了什么改变?

作为把 Switch 带到《马克思主义原理概论》课堂投影屏幕上并邀请年级里 8 个人上讲台开赛车的男人，这个问题我很有感触。小时候，我家里人管教很严，我只有非常有限的机会接触电脑和互联网。因为互联网的缺席，我童年的很多快乐和愿望都是残缺的。我没有看完过任何一部动画片，没有通关过任何一部游戏。我不可能在动画片第一集到最后一集每次都准时出现在电视前。我缺席任何一集，故事便不再完整。对于彼时的我来说，任何缺憾都是无法挽回的。

“失去”和“缺憾”是我童年藏在心底的阴影，他们深埋在我的生活轨迹之下，从来不被我所示人。随着我年级的升高，生活旋律的变化，我自己也一度忘了这些情感。

到了大学，经济相对独立了，自己正式踏入这万千世界了，我逐渐意识到：我才是掌握自己命运和生活的主人。这一点让我潜意识兴奋不已，而 Switch 的购买给了我证明。

过去为我家教所不容的东西，带给我前所未有的快感，这或许就是叛逆的“甜美”滋味?

但是朦胧间我意识到，对“缺陷”的“弥补”，或将成为我的威胁。我在班里当过很长时间的学习委员，大学里成绩表现不佳的同学十个有九个和游戏日夜缠绵，我对此心中有数。当我自己想明白这一茬，看着手中游戏机也心生犹豫。而凭我对自己的了解，我的内心并非坚若磐石矢志不移。

但是最后，我通过限制自己，并尝试了多种和游戏共生的模式之后，我发现游戏已经很难让我真正上瘾。我并不像我中学曾经发生过的或我现在担心的那样陷入无法控制的娱乐当中。

在生活中，我找到了远比取悦自己更有价值的追求，我在现实中的努力可以换来我充实的人生，游戏中的富庶和强大对我缺乏吸引力。

这种认识当然不是我玩 Switch 玩出来的，但 Switch 是我这段心路历程末尾的一盏灯，让我明白我走到了哪里，让我明白，我曾经的稚嫩已经化为成熟，我的人生可以交到自己手里。

所以，实际上 Switch 没有改变我什么，而是告诉我什么改变了。

静下来沉下去的
专注秘诀 · 拼图、乐高

为什么喜欢收集拼图和乐高?

因为喜欢这项娱乐，所以喜欢收集。玩拼图和搭乐高的过程能让人静下来，培养专注力，同时这也是释放压力、缓解焦虑的一种方式（至少对我来说很有效）。完成一幅拼图或一件乐高作品时超有成就感。

当兴趣培养起来后不知不觉就会为这些爱好买单，尽管目前的囤货足够我拼五年以上，但遇到好看的图还是会下手先买了再说，就这样越囤越多了（自我忏悔：自知这并不是健康的消费观）。

父母支持吗？花在上面的开销从哪里来？

支持呀！我爸会跟我一起拼拼图、搭乐高，边拼边鄙视我脑子不行，动手能力不行（但往往是我在跟他讲空间立体结构）。偷偷一个人拼拼图的时候会被我爸揪出来，并教育我背着他一个人拼不行。不过，这些都是在父母不知道这些拼图和乐高价格的前提下。开销主要来自压岁钱和奖学金，好在压岁钱和奖学金不用上交，全权由我个人支配。

它给你的生活带来了什么改变

放假宅在家的时间更长了，有效地治愈了“多动症”，增进了与父母之间的感情，并让我明白了：任何看似复杂一团乱麻的事，总是会一点一点清晰明朗起来的。

摄影穷三代，单反毁一生 · 摄影设备

为什么喜欢收集摄影设备？

开始接触摄影是因为偶然的一次川西旅行，手机完全没法记录下眼前旖旎的风光，于是下定决心送了自己一台单反，入了摄影“坑”。对美的追求和想要记录的心，让自己越陷越深。“摄影穷三代，单反毁一生。”从此，我也就开启了漫长的吃“土”之旅。

父母支持吗？花在上面的开销从哪里来？

因为花费在摄影爱好上的钱完全来自于自己假期兼职、奖学金和商业接单拍摄攒的钱，不会影响学习和饮食开销，父母还是很支持的（偶尔给父母也拍拍美美的照片，成功俘获了他们的心）。

它给你的生活带来了什么改变？

摄影让自己更习惯于去发现生活中美好的事情，认识了一群同样热爱生活热爱旅行的小伙伴，记录生活中的点点滴滴，能够清晰地感知时间流过的痕迹，每一张照片都是一段故事，虽然没法留住光阴，但能留住记忆也是令人高兴的。

精致“girl”都有一块命中注定的眼影盘

为什么喜欢收集眼影盘？

因为眼影盘长得好看！每次买某个眼影盘之前都觉得那是我生命中注定要买的一盘，不拥有它人生会留有遗憾！于是，逐渐在“喜加一”这条路上越走越远，无聊的时候摸摸盘子就挺开心！

父母支持吗？花在上面的开销从哪里来？

父母并不知道我这么沉迷彩妆，我的化妆品的量是不可以让妈妈看到的量。不过，父母倒是挺支持我化妆的。每年的奖学金可以买不少化妆品，嘻嘻。

它给你的生活带来了什么改变？

首先化妆技术真的有提升！其次购物欲得到了充分的满足，并且一次又一次收割室友羡慕的眼光，还有就是我个人所认为未来会有的收获：当我拥有足够多的“妙不可言的眼影盘”之后，一般般的盘子就看不上眼了，提升了对眼影盘的鉴赏门槛，这样在一定程度上能省不少钱（胡言乱语得让我自己都信了）。

是鞋子在货架上对我的钱包动了手

为什么喜欢收集鞋子？

从小对篮球文化感兴趣，因为 jordan 鞋子属于一个代表性的，有历史性的鞋子，具有收藏价值而且外观好看，有种“蜜汁”信仰，所以就开始走向收藏之路。

父母支持吗？

父母一开始是支持的，中期母亲说换些喜好，比如摄影等，但是我对 jordan 鞋子有种莫名的着迷，所以，后期父母也就妥协了。

让学习和生活成为享受

为什么喜欢收集“手帐”相关的文具？

就是单纯想记录一些东西吧，包括一些日程。很多事做过发生过就忘了，特别是一些小事，以致于经常觉得自己无所事事，什么都没做成。记录下来了，就能清楚知道做过什么，有过怎样的心情。写日记相对比较枯燥，但加入了“手帐”元素过后仪式感就超强。

父母支持吗？花在上面的开销从哪里来？

至于父母嘛，他们并不知道啊，就像小时候偷偷写日记一样，不会想让父母知道的呀。也就自己玩儿，没有太大的成本，也不需要啥资金支持，所以没有父母支不支持一说。

其实，也没有想象中要花得那么多，毕竟不像专门的博主那样研究那么多，也没有太多的追求，只是日常用而已。其实每个月买一样，百来块钱，也都是足够的，没有太大的问题。

有了它饮用水会自动到胃里来

为什么喜欢收集水杯？

可能是因为我一直不喜欢喝水吧，所以就靠着好看的杯子激励自己喝水。仔细想一想，冬天得用保温杯吧，夏天需要一只轻巧便携的塑料杯，兑饮料得用吸管杯，放教研室还是陶瓷杯更方便，于是都是物尽其用，也没有浪费（一本正经地），好看的杯子真的可以给人喝水的动力，不喜欢喝水的朋友可以试一试，毕竟“多喝热水”的功效大家都懂的。

父母支持吗？花在上面的开销从哪里来？

算是一点小爱好吧，也不会花很多钱，所以父母还是挺支持的。其实买的杯子单价都不贵，而且有时候买“福袋”真的超划算，而且还会有很多惊喜（超大声），同样的价格可以拥有两倍的快乐！

旅行中的各种介绍小册子

记录着情侣之间甜蜜的电影票根

精致的饰品小盒子

精致奶茶女孩（儿）甚至连奶茶的小传单也不放过

有心男孩（儿）收藏了入学以来的所有徽章

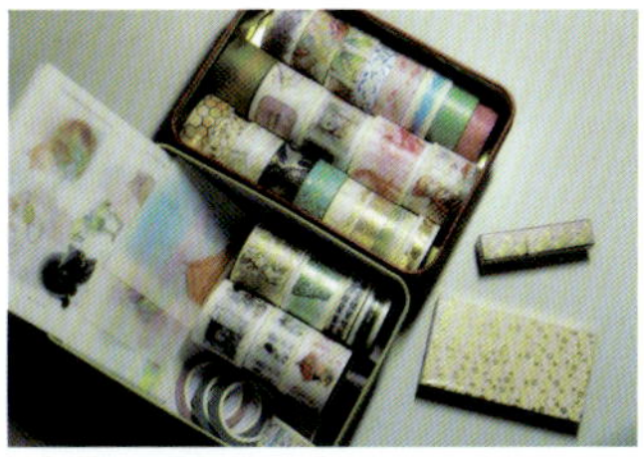

萌化了的纸胶带

还有收集羽毛球拍、邮票、耳钉耳环、口红、钢笔、冰箱贴等。

想对学子说

成长的过程中要建立健康的消费观，不盲目跟风，合理消费，文明消费。

想对父母说

学习之余对自己兴趣爱好的一些投入，在爸妈眼里或许是不可理解的："这么大人了还玩游戏""不是已经有了一个了，怎么还要再买""这些买来有什么用"……但想说，其实我们已经是成年人了，会规划自己的生活费。我们为自己的人生努力奋斗着，也懂得如何"犒劳"自己。在经济情况不乐观的时候也会积累出自己的一套花钱省钱的经验，会形成对一些经济骗局的警惕，请爸爸妈妈们放心！

当谈到青城山时，我们谈些什么

文｜卿宇宸
娄方鸣
何浩正
卢勃锟
张　烁

传说大禹治理石城山
将其变成了美丽之山
后来有神仙被吸引，来到这里定居
便起名为清城山
据说白娘子也生于此地哦
唐玄宗把“清城山”的“清”字写成“青”了
就成了现在的青城山

问道　问山　问景
偌大一青城，
唯“道”一字而已

拿出手机相机，将“道”放于画面的中心，三分画面，壁占其二，叶遮其一，画中有“道”，心中有“道”。

幽林掩古馆，红纱垂万千，人间福寿天

林荫深处一道馆

流水潺潺，荒草萋萋，树林阴翳，清幽之所在

墙头荒草：青瓦生，绿苔新；朱墙藏，满院华

红烛祈福，烛光点点
只为祈求亲人安康，天下太平

背山人：幽深丛林，曲折山路，山中挑夫走入画面，铁肩担的是谋生计之沉重，亦是山民之希望

问心

清风摇碎了光影，岁月斑驳了红墙

2019 年了，我们外出旅游，难道还只是想去记住那些导游或改造或瞎编出来的传奇故事，亦或是继续实践“上车睡觉，下车 XX，景区拍照，回家啥也不知道”的古旧旅游模式，还是只是去摆个“剪刀手”打卡到朋友圈以炫耀自己来过。

这些都不是，至少古人说的“行万里路读万卷书”里指的肯定不是这个意思。

为何远行？渴望战栗。

搞清自己到底想要什么，这次旅游对你的意义何在，去追求自己爱的，而不是简单跟风虚荣炫耀，不然最终只不过是荒唐了时间。

人总归是要感动自己的。

俯下身来，把镜头贴在地面上，让标志线在画面里绵延向远方，也让自己的好心情一路向前

在路上 | 成电人的川西大环线之旅

摄影 | 西瓜　阿飞　小陆　外星人
毛毛　皮皮　锋峰　麦迪
偲偲　微单　单反　憨憨
文案 | 熊灿龙

凡心所向，素履所往；
生如逆旅，一苇以航。

当我站在海拔4000米的垭口上回头俯瞰曲折的盘山公路时，我知道我的游记会很长很长，我的收获也会很多很多，我会将这次的旅程作为最美好的记忆，珍藏在我诗的每一页。

川西，一个只能用诗去描述、用曲去歌颂的天堂，是所有人在旅行时都绕不开的话题。仁者乐山，智者乐水。川西的山很多，抬头俯首皆是，横看成岭侧成峰，让人心生敬畏；川西的水也很多，高原湖泊星罗棋布，倒映着天空醉心的蓝色，让人心如明镜。

在大城市生活久了，习惯了霓虹灯映照下的夜，看惯了高楼大厦，慢慢地会厌倦这水泥筑起的森林。既然这样的话，那就去旅行吧，去爬山，去游水，去享受最纯粹的自然，这是许多人的念想，也是我的一份信仰。

于是趁着国庆放假的日子，在电子科大户外运动协会的号召下，我们集齐了12个小伙伴，召唤出了一场“川西大环线”之旅——1号到6号，6天时间，从成都出发，到新都桥、措卡湖、色达、莲宝叶则，顺时针环川西一圈，总路程约2000公里，最后再归于成都。

高原的天气总是让人捉摸不定，不过这样淘气的天气也会带来许多的惊喜。听留守学校的室友说，成都在国庆七天的时间里基本上都是阴雨天，没有展现出放假时应有的样子。所以很庆幸这次国庆我选择了川西，国庆的川西没有吝啬它的好天气，让我们深深感受到了它的美好。

新都桥

第一站是新都桥。新都桥原名东俄洛乡，是藏民的聚居地。新都桥是摄影家的创作的天堂，尤其是入秋的新都桥更是让人称赞，随便按下快门便是景。这里遍地都是格桑花，有了这样的映衬，广阔的蓝天和巍峨的雪山也多了几分清新。

塔公草原

随后我们就到了塔公草原。塔公寺是甘孜州著名的萨迦派（花教）寺庙，寺里供有萨迦派大师、莲花生大师、千手观音等佛像。相传当年文成公主和松赞干布入藏时经过这里，觉得这里景色十分迷人，便修建了塔公寺庙，并将当时随身带着的一尊释迦牟尼十二岁等身佛像复制了一份，放在寺庙内供奉。

在欣赏雅拉神山的时候，一朵夹杂着雨水的云飘过，在阳光的照耀下，我们有幸见到了彩虹和雅拉神山同框。二话不说，按下快门，将这一刻凝固。

措卡湖

第三站我们来到了措卡湖。“人间仙境，九天瑶池”形容的就是措卡湖了。措卡湖在当地称措卡海子，又称赞多措那玛，藏语意为乱石丛中的黑色海水，意为“绿宝石”。

见证了措卡湖的宁静之后，我们继续上路。路过格萨尔王朝附近的时候，阳光正好打在金黄的树林上，格外耀眼，和远处深色的草原和高山形成鲜明的对比。

色达

第四站我们来到了色达。除了红房子，留给人们印象最深的莫过于色达的天葬台了。天葬台建造在地势相对平坦的半山缓坡上，一座小小的白塔旁，藏民们认为逝者可以通过这样的方式完成生命的轮回。看着漫天的鹰鹫和震撼的天葬台，我能感受到生命的力量。

有人说，色达之后再无色达，色达的每一座红房子里，都藏着一个动人的故事，无关世俗，只关乎信仰。信仰看不见摸不着，是每个人心中最牢固的东西。

莲宝叶则

最后一站是莲宝叶则。虽说是川西之游，但其实莲宝叶则这个美丽的地方已经触碰到了青藏高原的东南边界。

“莲宝叶则”的本意为尊严的玉石之峰，民间通常称为石头城堡或石头山。莲宝叶则是雄伟的奇峰异石的世界和艺术圣殿，这里山势雄奇峻伟，充满阳刚之气；山体规模宏大，绵延不绝；湖泊星罗棋布，银瀑飞悬。

奇峰和怪石同框，坚韧的山在后，乱石隐在杂草之间，前后错落有致，全景模式下的莲宝叶则更是壮阔。

传说在很久很久以前，一位英俊潇洒的少年英雄从西藏阿里来到此山，帮助鄂不错贡玛的白牦牛战胜了鄂不错安玛的灰牦牛怪。莲宝山神为感谢少年英雄的奋力相助，将自己的三女儿让麦朵许配给他做了妻子。少年英雄与漂亮娴淑的妻子相亲相爱，辛勤放牧，并生下了三个聪明的孩子，成为了这里的先民。

哪怕只是街角一隅，文艺气息也扑面而来

被绿色植物包围着的商店充满着神秘感，是否一起进去探索

温馨的氛围，雅致的摆设，轻缓的音乐，是“E 事君”对这些店铺的第一印象

看惯了冰冷冷的高楼大厦，我也常常会在这里享受属于自己的宁静与淡雅。墙上的彩绘、街角的猫咖、周边的工作室……在城市的一隅，精致的闲暇生活，也许这就是向往的生活。

No.2 东郊记忆

清水河直达攻略：

乘校车到达电子科大沙河校区，从正门出发，沿建设巷前进，左转进入建设路，沿建设路到达二环高架后再右转进入二环路，在经过 SM 广场后左转进入建设南路，前行约 500 米到达目的地。

东郊记忆是成都最早一批由工业遗址改造而成的创意园区，不过比起静谧而内敛的 U37 创意仓库，东郊记忆更加开放和包容。

这里常年有各种各样的演唱会、漫展、艺术展轮番上演，西部格调的酒吧与精致的手工作坊也可以和谐共存。在这里常常可以见到顶着一头辫子的摇滚乐手和身着华美汉服的小哥哥小姐姐毫无违和感地共处，也可以接触到一些不被大众理解但依旧甜美的特殊爱情。除了汇集的各种前卫文化，东郊记忆也拥有一些特有的回忆——那个技术水平低下但是充斥着热情与力量的旧工业时代。在东郊记忆，各式遗留的车间厂房依旧在向前来参观的人们诉说着往日辉煌。对于那些浪漫的理想主义者来说，充斥着理想而单纯的时代印记的东郊记忆，显然是一个不容错过的去处。

坐标：成都市成华区建设南支路 4 号东郊记忆

随处可见的壁画，充满着艺术气息，给人无限灵感

一面表白墙，写着我们的名字，记录着我们的故事

作为前工业的遗留产物，标语也是充满着满满的正能量

许许多多被时代封印的记忆，如今安静地定格为一段历史供人们回忆。并不介意与之形成极大反差的灯红酒绿，具有工业感的厂房建筑、随处可见的标语、数十米高的烟囱将旧时光融入当下，显得弥足珍贵。

在这里，随处走走，在依稀可见痕迹中，也不乏现代的热闹。找寻过去，畅想未来，总有一种生活值得你期待。

走在街上，偶尔驻足，沉浸在街头艺人的歌声里，久久不愿离开

精美手作

酒吧灯光

在东郊记忆漫步时，抬头透过交错的管道看向天空，这样的光芒，是否像极了旧工业时代的幻梦

东郊一隅

No.3 西村大院

清水河直达攻略：

电子科大清水河校区南门外乘 736 路公交车至清江西路口站，下车后向南绕过金沙银座前进约 200 米即可到达目的地。

与上面两位不同的是，西村大院并非是继承了哪一代人情怀的建筑，而是现代设计、全新建成、完完全全为青年艺术家服务的一个院落。没有追忆，没有复古，这里体现的单纯是青年一代人对于未来人居关系的思考。建筑层与层之间摆脱了空间的桎梏，由交错排列的坡道互相连接。大院顶层和中庭遍布各式各样的花园，完美契合了人与自然和谐共处的思想。同时，大院中各式各样的文化小店，风格迥异但又和谐共存，充分体现了成长在高速发展时代的年轻人已经将比生存需求更高级的文化需求放在重要的位置。如果你是一个对未来充满思考的前卫青年，请不要错过西村大院。

西村竹林，幽静深谧，漫步其中，尽享岁月美好

西村中有着不少创意十足的小店

精致的室内布局

建筑艺术家的杰作之一，高低错落的场景。高有夕阳斜日，低有竹林小院

“精致”是一种年轻人向往的生活方式，矫揉造作、铺张浪费并不是精致。探索自己的内心世界，思考自己与世界的联系，并调整自己的生活方式以便于实现自己的人生价值，才可以被称为精致生活。“E 事君”向大家推荐“精致”的去处，并不是希望大家虚度时间，而是希望大家能够借由在这些蕴含着不同文化氛围的地方的体验，更好地思考自身、思考自身以外的环境，思考未来，最终能过好当下。让我们遗忘在成都的角落里，用有限的时光实现无限的意义。

记录｜一夜成电

今夜华灯初上，谁与你相约黄昏后

成电的夜生活

夜幕低垂，华灯初上。晚风褪去了冬日的凛冽，携着春日的温柔迎面而来。斑驳的灯火栖息错落在成电校园的每一处。成电的夜是安静而充满活力的。

花甲之年还能牵你的手相约黄昏后，爱情的模样是美好的

灯光照亮了城市的天空；西门的体育馆内灯火通明

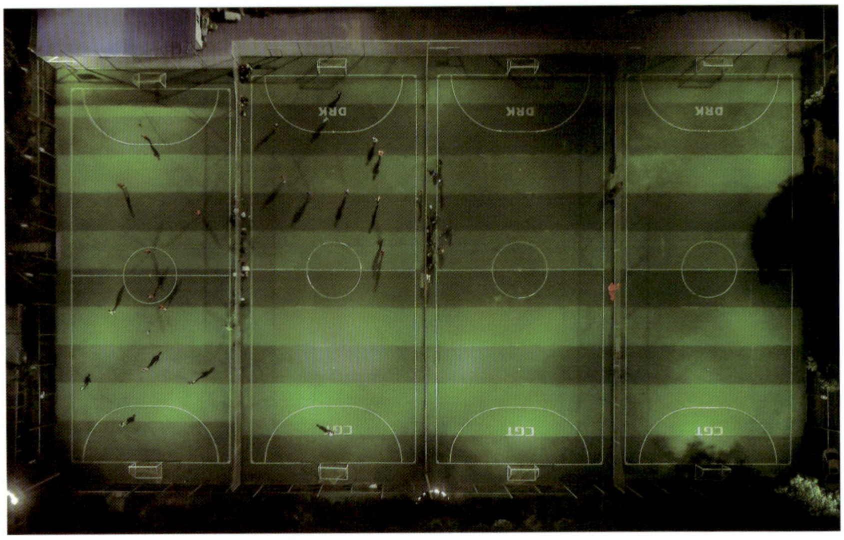

宽敞平整的足球场，在灯光下如巨大的水晶宫殿，奔跑的健儿充满活力

书山有路勤为径，学海无涯苦作舟。时刻不忘用知识的力量武装自己

求知的路上是孤独的。生活亦如此，只有你自己，经历着一些必须的经历，才能回答一些生命中的难题

怀揣知识的行囊，结束一天忙碌而充实的生活，从图书馆信步走出的成电学子

珍惜美好校园环境，不忘背后辛勤劳动之人

网球场的“较量”精彩纷呈，成电人夜晚的生活有滋有味

夜晚的执勤是辛苦的，他们一直默默地守护着成电人的生活

成电的夜晚，内敛而又充满活力。愿你能在黄昏之后的这段时间里，依旧莫负时光。为这漫漫长夜添上不一样的色彩，为自己的每一天画上满意的句号。

成电视界

成电的春夏

——侯雨婷

在成电的第五个秋

——侯雨婷

成电银杏季

——黎昕

放眼望成电

——黎昕

——皮昕浩

贡嘎组图

主楼广场的国庆夜

——熊灿龙

——阎行舟

——徐博

新传本科生部

本科 2017 级
执行副主任
郝国郅

本科 2018 级
记者团
魏文静

本科 2018 级
记者团副团长
张金杏

本 科 2018 级
记者团
赵子鉴

本科 2018 级
5 组
周子怡

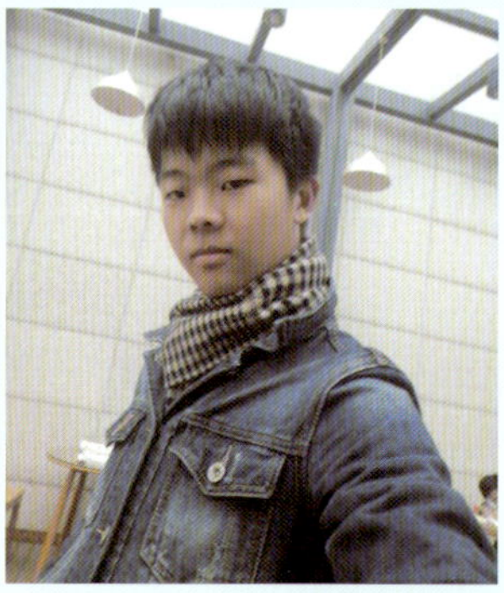

本科 2018 级
记者团团长
李雨潼

本科 2018 级
视觉部部长
王燕宁

本科 2018 级
新媒体部
程子寒

本科 2018 级
视觉部副部长
钱晨辉

本科 2019 级
4 组
何浩正

本科 2018 级
新媒体部副部长
汤振飞

本科 2018 级
执行副主任
吴梦洁

本科 2019 级
1 组
易成菲

本科 2019 级
1 组
庞子浩

本科 2019 级
1 组
沈大钧

本科 2019 级
2 组
肖智文

本科 2019 级
1 组
周雪瑶

本科 2019 级
2 组
童子秋

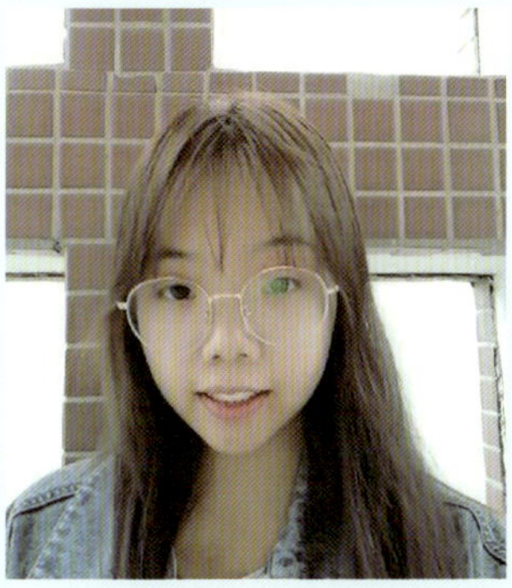

本科 2019 级
2 组
覃彩

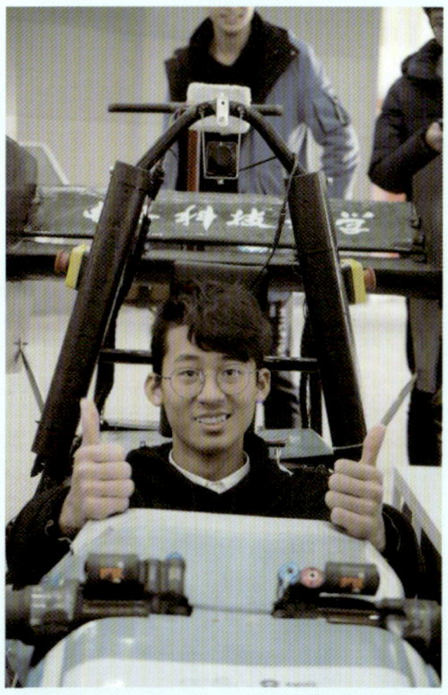

本科 2019 级
3 组
王梁辉

本科 2019 级
3 组
李保骁

本科 2019 级
2 组
朱昕怡

本科 2019 级
3 组
颜润东

本科 2019 级
4 组
娄方鸣

本科 2019 级
4 组
卿宇宸

本科 2019 级
3 组
刘霞

本科 2018 级
执行主任
皮昕浩

本科 2019 级
5 组
梁琪铃

本科 2019 级
5 组
滕飞

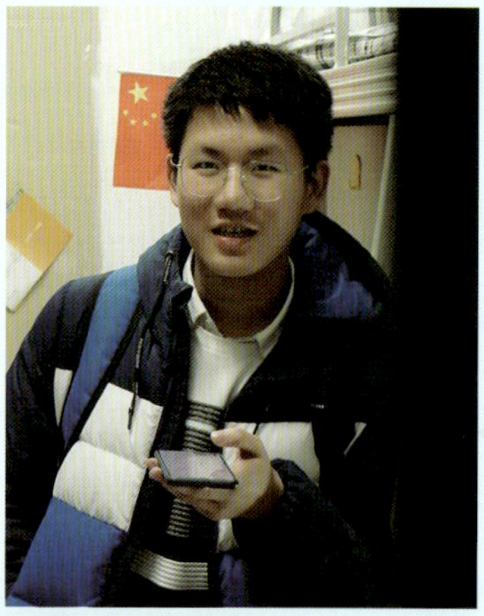

本科 2019 级
4 组
卢勃锟

本科 2019 级
4 组
张烁

本科 2019 级
5 组
杨孟凡

本科 2019 级
5 组
张祖钰

本科 2019 级
5 组
陈铎中

本科 2017 级
技术部
罗钰杭

本科 2016 级
新媒体
杨树澄

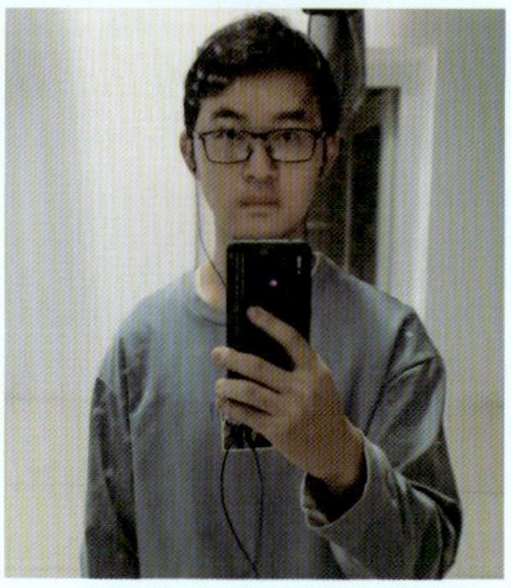

本科 2018 级
3 组
唐瑞

新传研究生部

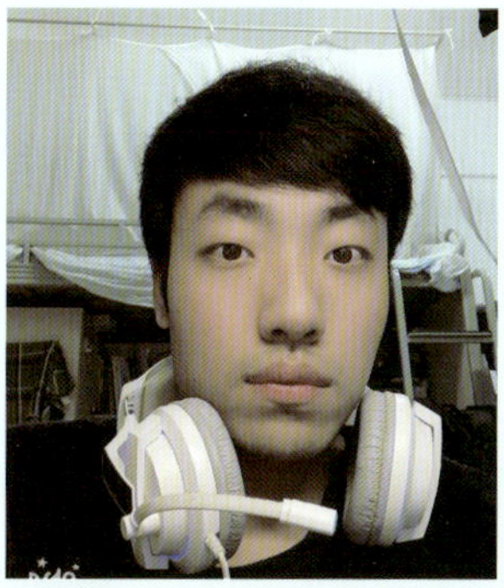

硕士 2017 级
新媒体
李苏凡

硕士 2018 级
记者团
赵一尚

硕士 2018 级
记者团
高慧敏

博士 2019 级
记者团团长
侯雨婷

硕士 2018 级
副主任
肖斯宇

硕士 2019 级
记者团
鲁娟

硕士 2019 级
记者团
张靖

硕士 2019 级
记者团
张坤

硕士 2019 级
技术部
陈佳文

硕士 2019 级
新媒体部部长
孔双峰

硕士 2019 级
新媒体
刘一礼

硕士 2019 级
技术部
陈剑南

硕士 2018 级
技术部部长
熊灿龙

硕士 2018 级
技术部
杨耀杰

硕士 2019 级
记者团
王睿

硕士 2018 级
新媒体部
陈强

硕士 2018 级
新媒体
魏金平

硕士 2018 级
主任
潘翔鑫

硕士 2019 级
记者团
马臻

硕士 2019 级
新媒体部
李金彦

硕士 2019 级
新媒体部
左越

硕士 2019 级
新媒体部
刘小乐

硕士 2019 级
新媒体部
刘静君

硕士 2017 级
记者团
肖紫嫣